Zu diesem Buch

Schule, Arbeit, Beruf und die mit diesen Bereichen zusammenhängenden Begriffe werden in dieser Aphorismensammlung vorgestellt. Von Arbeit bis Ziel, von Ausbildung bis Zukunft ist jeder Begriff dank der alphabetischen Anordnung leicht zu finden.

Die rund 1.400 Aphorismen von der Antike bis zur Gegenwart stammen von mehr als 320 Autoren aus 17 Ländern.

Den Freunden pointierter und geistreicher Formulierungen wird dieses Buch als Fundgrube für so manches Wort dienen, das ihre Reden und Diskussionsbeiträge bereichert. Aber auch ein gelegentliches Durchblättern bringt Erkenntnis und Gewinn.

Lothar Schmidt (Hrsg.) · **Geistige Vitaminpillen**

Lothar Schmidt (Hrsg.)

unter Mitarbeit von Peter Feistel

Geistige Vitaminpillen

Aphorismen für Schule, Arbeit und Beruf

MEDIALOG

Die Deutsche Bibliothek – CIP-Einheitsaufnahme

Schmidt, Lothar:
Geistige Vitaminpillen. Aphorismen für Schule, Arbeit und
Beruf / Lothar Schmidt (Hrsg.).
Mannheim: Medialog, 1997
ISBN 3-930639-51-3

Layout und Umschlaggestaltung: Susanne Eisenschink
Druck: Pfälzische Verlagsanstalt GmbH, Landau/Pfalz

Inhalt

Aphorismen - geistige Vitaminpillen

Aphorismen sind geistige Vitaminpillen: Einnahme beliebig, keine schädlichen Nebenwirkungen.

Aphorismen sind Gedankenwegweiser.

Aphorismen sind Vorgedachtes für Nachdenkliche.

Aphorismen sind Prosasätze, die ausdrucksscharf und pointiert einen eigenartigen Gedanken vorstellen. Aphorismen spitzen die Dinge zu; aber gerade dadurch weisen sie auf sie hin.

Wenn es zutrifft, daß Literatur, wie jede Kunst, die Kunst des Weglassens ist, so finden wir im Aphorismus eine beachtenswerte Stufe dieser Kunst.

Wegen seiner Kürze und Abgeschlossenheit ist der Aphorismus ein angemessener sprachlicher Ausdruck in unserer informationsüberfluteten Zeit.

Der Aphorismus will zumeist einen geläufigen Gedankengang *neu* beschreiben oder auch eine geltende Meinung in Frage stellen. Der Leser könnte darauf etwa so reagieren, daß er sagt: „Ja, so ist es tatsächlich" oder „Warum nicht, so habe ich diese Sache noch gar nicht betrachtet" - oder aber der Leser erkennt: Aphorismen decken sich nie völlig mit der Wahrheit. Sie sind Halbwahrheiten, die jene irritieren wollen, die an die andere Hälfte glauben.

Aphorismen reizen Menschen, die etwas zu sagen haben, die aber nicht viele Worte machen wollen. Aphorismen reizen aber auch Menschen, die sich durch Inhalt und Pointierung der Sätze zum Widerspruch herausgefordert fühlen. Doch Aphorismen wollen nicht Dumme gescheit, wohl aber Gescheite nachdenklich machen.

Die Aphorismen dieses Buches kreisen um die Bereiche Schule, Arbeit, Beruf und die mit ihnen zusammenhängenden Begriffe. Da alle Begriffe in der Aussage mehrerer Autoren vorkommen, gewinnt der Leser den Eindruck, als präsentiere sich ihm zu jedem Thema das Ergebnis einer Meinungsumfrage. Argument und Gegenargument, These und Antithese, lösen einander in treffsicheren Formulierungen ab. Kürze der Darstellung, Schärfe des Ausdrucks und Anspruch auf Gültigkeit verbinden sich mit aphoristischer Spracheleganz.

Aphorismen die mit Witz zum Kern der Sache kommen, ersparen langatmige Erklärungen: Sie sind Schnellinformationen, die Denkanstöße geben und die ein Stück Geistesgegenwart zu konservieren suchen.

Friedrichsdorf, im Mai 1997

Lothar Schmidt

Allein

Allein: in schlechter Gesellschaft.

Ambrose Bierce

Allein ist der Zustand, in dem sich jeder Nachdenkliche befindet.

Helmar Nahr

Allein ist besser als mit Schlechten im Verein, mit Guten im Verein ist besser als allein.

Friedrich Rückert

All unser Übel kommt daher, daß wir nicht allein sein können.

Arthur Schopenhauer

Alter

Alter: das ist immer noch das einzige Mittel, das man entdeckt hat, um lange leben zu können.

Daniel François Auber

Alter: der Lebensabschnitt, in dem wir die Sünden, derer wir noch frönen, dadurch wettmachen, daß wir die Sünden schmähen, die zu begehen wir nicht mehr unternehmungslustig genug sind.

Ambrose Bierce

In der Jugend lernt man, im Alter versteht man.

Marie von Ebner-Eschenbach

Bei den meisten Menschen altert das Herz mit dem Körper.

Guy de Maupassant

Alter schützt vor Torheit nicht. Gemeint ist jedes Alter.

Lothar Schmidt

Das Alter ist ein Spital, das alle Krankheiten aufnimmt.

Sprichwort

Arbeit

Arbeit: eines der Verfahren, durch das A dem B Eigentum erwirbt.

Ambrose Bierce

Für die Jugend habe ich nur drei Worte als Ratschlag: Arbeite, arbeite, arbeite.

Otto von Bismarck

Bei schönem Wetter fällt uns das Arbeiten leichter oder schwerer, je nachdem, wie schön die Arbeit ist.

Ernst R. Hauschka

Neue Leute dürfen nicht Bäume ausreißen, nur um zu sehen, ob die Wurzeln noch dran sind.

Henry A. Kissinger

Arbeit ist das Feuer der Gestaltung.

Karl Marx

Arbeit ist die einzige Entschuldigung für Erfolg.

Helmar Nahr

Rationalität ist der Sieg der Vernunft über die Arbeitswut.

Helmar Nahr

Die Arbeit ist eine Schmach, weil das Dasein keinen Wert an sich hat.

Friedrich Nietzsche

Nicht, was er mit seiner Arbeit erwirbt, ist der eigentliche
Lohn des Menschen, sondern was er durch sie wird.

John Ruskin

Glück hilft nur manchmal, Arbeit immer.

Sprichwort der Brahmanen

Arbeit ist häufig der Vater des Vergnügens.

Voltaire

Nur auf den Boden harter Arbeit bereitet sich
normalerweise der Einfall vor.

Max Weber

Die Arbeit ist die zuverlässigste Seligkeit dieser Erde.

Ernst Wichert

Arbeit ist der Fluch der trinkenden Klassen.

Oscar Wilde

Argument

Das Argument gleicht dem Schuß einer Armbrust
- es ist gleichermaßen wirksam, ob ein Riese oder ein
Zwerg geschossen hat.

Francis Bacon

Ich bin verpflichtet, meinen Gegnern Argumente zu
liefern, aber nicht Verstand.

Disraeli

Wo ein Ding aufhört, Gegenstand einer Kontroverse zu
sein, hört es auf, Gegenstand des Interesses zu sein.

William Hazlitt

Nur der Starrsinn braucht keine Argumente.

Robert Muthmann

Manch einer hält sich für unbestechlich, weil er
Argumente ignoriert.

Helmar Nahr

Beleidigungen sind die Argumente derer, die unrecht
haben.

Jean-Jacques Rousseau

Glasklare Argumente? - Leicht durchschaubar und nichts
dahinter!

Lothar Schmidt

Je schwächer das Argument, desto stärker die Worte.

Lothar Schmidt

Wenn die Kleinkalibermunition politischer Argumente
zu Ende gegangen ist, wird gerne das schwere Geschütz
persönlicher Verunglimpfung aufgefahren.

Lothar Schmidt

Den besseren Gründen müssen gute weichen.

William Shakespeare

Ausbildung

Zu wissen, wie man anregt, ist die Kunst des Lehrens.

Henri-Frédéric Amiel

Es gibt keine schüchternen Lehrlinge mehr, es gibt nur
noch schüchterne Meister.

Marie von Ebner-Eschenbach

Wer Unterricht geben will, von dem kann man mit Recht
verlangen, daß er alles in einem Ton sage, der zu erkennen
gibt, daß er auch im Fall der Not welchen annehmen könne.

Georg Christoph Lichtenberg

Beamte

Ein Beamter ist oft ein Mann, der sich durch den Fleiß
seiner Untergebenen auszeichnet.

Aus den „Fliegenden Blättern"

Mit schlechten Gesetzen und guten Beamten läßt sich
immer noch regieren. Bei schlechten Beamten aber helfen
die besten Gesetze nichts.

Otto von Bismarck

Für die Güte der Republik könnte man denselben
Beweis anführen, den Boccaccio für die Religion
anführte: Sie besteht trotz ihrer Beamten.

Heinrich Heine

Es gibt zweierlei Beamte: Die einen sind kurz angebunden.
Und die anderen haben eine lange Leitung.

Werner Mitsch

Finanzbeamte sind die einzigen Menschen, die stets eine
zu hohe Meinung von uns haben.

Helmar Nahr

Wer sagt, daß ein Beamter kein Beschäftigungsrisiko hat?
Jeden Augenblick kann die Tür aufgehen und ein
Antragsteller hereinkommen.

Helmar Nahr

Beruf

Der Beruf ist eine Schutzwehr, hinter welche man sich,
wenn Bedenken und Sorgen allgemeiner Art einen
anfallen, erlaubterweise zurückziehen kann.

Friedrich Nietzsche

Das Wichtigste im Leben ist die Wahl des Berufes.
Der Zufall entscheidet darüber.

Blaise Pascal

Berufsverständnis: Ich bin ein Zöllner. Ich kenne
meine Grenzen.

Rupert Schützbach

Nur wer das Zeug zu etwas hat, dem kann man
daran flicken.

Rupert Schützbach

Man kann auch mit seinem Beruf glücklich
verheiratet sein.

Gerhard Uhlenbruck

Bescheidenheit

Bescheidenheit ist der Anfang aller Vernunft.

Ludwig Anzengruber

Bescheidenheit ist das Gewissen des Körpers.

Honoré de Balzac

Die Bescheidenheit ist eine Eigenschaft, die vom
Bewußtsein der eigenen Macht herrührt.

Paul Cézanne

Falsche Bescheidenheit ist die schicklichste
aller Lügen.

Nicolas Chamfort

Bescheidenheit ist der einzige sichere Köder, wenn du nach
Lob angelst.

Lord Philip Dormer Chesterfield

Die Bescheidenheit kriecht aus demselben Loche wie die
Eitelkeit.

Marie von Ebner-Eschenbach

Die Menschen haben viele absonderliche Tugenden
erfunden, aber die absonderlichste von allen ist die
Bescheidenheit. Das Nichts glaubt dadurch etwas zu
werden, daß es bekennt: Ich bin nichts!

Christian Friedrich Hebbel

Falsche Bescheidenheit ist die letzte Raffinesse der
Eitelkeit.

Jean de La Bruyère

Bescheidenheit und Ehrgeiz findet man nie beisammen.
Die Bescheidenheit ist Gleichgültigkeit und Bequemlich-
keit der Seele, der Ehrgeiz dagegen ist Tätigkeit und
glühender Eifer.

La Rochefoucauld

Unhöflichkeit ist häufig das Merkmal einer
ungeschickten Bescheidenheit.

Friedrich Nietzsche

Bescheidenheit ist immer falsche Bescheidenheit.

Jules Renard

Für das scharfblickende Auge ist die Bescheidenheit kaum
mehr als eine sichtbarere Form der Eitelkeit.

Jules Renard

Bescheidenheit ist zuweilen überspannter Stolz.

George Sand

Gegen Bescheidenheit läßt sich nicht viel einwenden,
denn: echte Bescheidenheit ist letztlich nichts als Einsicht
und falsche Bescheidenheit ist die annehmbarste Form der
Eitelkeit.

Lothar Schmidt

Bescheidenheit bei mittelmäßigen Fähigkeiten ist bloße
Ehrlichkeit: bei großen Talenten ist sie
Heuchelei.

Arthur Schopenhauer

Bescheidenheit verbietet, was das Gesetz erlaubt.

Seneca

Bescheidenheit ist das Gefühl, der andere werde nach einer
kleinen Weile gewiß entdecken, wie wundervoll du bist.

Unbekannt

Nur wenige Menschen sind bescheiden genug, um zu
ertragen, daß man sie richtig einschätzt.

Vauvenargues

Bewußtsein

Alles, was die Menschen in Bewegung setzt, muß durch
ihren Kopf hindurch; aber welche Gestalt es in diesem
Kopf annimmt, hängt sehr von den Umständen ab.

Friedrich Engels

Im letzten ist man immer nur auf sich und das eigene
Bewußtsein angewiesen, und was andere versäumen,
müssen wir für uns selber tun.

Theodor Fontane

Das Bewußtsein ist ein Wissen um unsere
Vorstellungen.

Immanuel Kant

Nicht das Bewußtsein bestimmt das Leben, sondern das Leben bestimmt das Bewußtsein.

Karl Marx

Eine Änderung des Bewußtseins verändert unbewußt auch das Sein.

Gerhard Uhlenbruck

Bildung

Bildung heißt, sich mit jedem Menschen auf den Ton setzen zu können, dessen Zusammenklang mit dem eigenen - Wohllaut gibt.

Aus den „Fliegenden Blättern"

Bildung: das, was den eigenen Mangel an Intelligenz dem Weisen offenbart und dem Toren verbirgt.

Ambrose Bierce

Jede Bildung ist ein Gefängnis, an dessen Eisengitter Vorübergehende Ärgernis nehmen, an dessen Mauern sie sich stoßen können; der sich Bildende, darin eingesperrt, stößt sich selbst, aber das Resultat ist eine wirklich gewonnene Freiheit.

Johann Wolfgang von Goethe

Sich mitzuteilen ist Natur; Mitgeteiltes aufzunehmen, wie es gegeben wird, ist Bildung.

Johann Wolfgang von Goethe

Bildung ist das, was übrig bleibt, wenn wir vergessen, was wir gelernt haben.

Lord George Savile Marquis of Halifax

Alle Bildung reduziert sich auf den Unterschied von Kategorien.

Georg Wilhelm Friedrich Hegel

Bildung nennen wir eben den in der Wirklichkeit
angewandten Begriff, insofern er nicht rein in seiner
Abstraktion erscheint, sondern in Einheit mit dem
mannigfaltigen Inhalt alles Vorstellens.

Georg Wilhelm Friedrich Hegel

Ich lese nichts lieber als Bücher von einigen Seiten.
Sprachkürze gibt Denkweite.

Jean Paul

Bildung ist die Fähigkeit, Wesentliches von Unwesent-
lichem zu unterscheiden und jenes ernst zu nehmen.

Paul Anton de Lagarde

Bildung ist jedem zugänglich, der den einzigen Satz
festhält, daß er jeden Abend besser zu Bett gehen muß,
als er morgens aufgestanden ist.

Paul Anton de Lagarde

Bildung ist ein unentreißbarer Besitz.

Menander

Bildung ist das Leben großer Geister mit dem Zwecke
großer Ziele.

Friedrich Nietzsche

Bildung ist nicht durch reine Erkenntnis, sondern durch
Macht des Persönlichen übertragbar.

Friedrich Nietzsche

Bildung: wesentlich das Mittel, den Geschmack gegen die
Ausnahme zu richten.

Friedrich Nietzsche

Gebildet sein heißt nun: sich nicht merken lassen, wie
elend und schlecht man ist, wie raubtierhaft im Streben,
wie eigensüchtig und wie schamlos im Genießen.

Friedrich Nietzsche

Ohne Gegenstand kein Geist - ohne Bildung
keine Liebe.

Novalis

Wenn man die Summe aller direkten Zwecke Bildung
nennt, so könnte man sagen, der Geist dieser Gesamtheit,
der Schlüssel der Bildung der Sinn dieses großen Gegen-
stands ist Liebe.

Novalis

Gebildet ist, wer weiß, wo er findet, was er nicht weiß.

Georg Simmel

Buch

Je mehr sich unsere Bekanntschaft mit guten Büchern
vergrößert, desto geringer wird der Kreis von Menschen,
an deren Umgang wir Geschmack finden.

Ludwig Andreas Feuerbach

Eigentlich lernen wir nur von Büchern, die wir nicht
beurteilen können. Der Autor eines Buchs, das wir
beurteilen könnten, müßte von uns lernen.

Johann Wolfgang von Goethe

Ein feiges Publikum erzeugt endlich notwendig eine
unverschämte Literatur.

Franz Grillparzer

Ein Buch kann die eigenen Illusionen durch fremde
ersetzen.

Ernst R. Hauschka

Bücher sind nur dickere Briefe an Freunde.

Jean Paul

Ein Buch ist dem Verfasser, was den Schönen ihr Bild im Spiegel ist.

Jean Paul

Der Ästhet ist der rechte Realpolitiker im Reich der Schönheit.

Karl Kraus

Das Buch, das in der Welt am ersten verboten zu werden verdiente, wäre ein Katalog von verbotenen Büchern.

Georg Christoph Lichtenberg

Ein Buch ist ein Spiegel. Wenn ein Affe hineinguckt, so kann freilich kein Apostel hinaussehen. Wir haben keine Worte, mit dem Dummen von Weisheit zu sprechen. Der ist schon weise, der den Weisen versteht.

Georg Christoph Lichtenberg

Wenn ein Buch und ein Kopf zusammenstoßen und es klingt hohl, ist das allemal im Buch?

Georg Christoph Lichtenberg

Bücher sind Gedankengräber.

Henry Wadsworth Longfellow

Die besten Bücher sind die, von denen jeder Leser meint, er habe sie selbst machen können.

Blaise Pascal

Das Druckenlassen verhält sich zum Denken wie eine Wochenstube zum ersten Kuß.

Friedrich von Schlegel

Bücher machen Leser.

Rupert Schützbach

Die Lehrbücher haben in ihrer Einfalt bislang drei Vortragsstile unterschieden: den schlichten, den gemäßigten und den erhabenen. Seit den Schriften des Herrn von Necker sehen wir uns gezwungen, einen vierten anzuerkennen: den ministeriellen Stil.

Antoine de Rivarol

Ein Buch ist ein Garten, den man in der Tasche trägt.

Sprichwort aus Afrika

Ein Buch ist ein Freund, der nie verrät.

Sprichwort der Juden

So etwas wie ein sittliches oder unsittliches Buch gibt es nicht. Bücher sind entweder gut geschrieben oder schlecht geschrieben, weiter nichts.

Oscar Wilde

Charakter

Charakter eines Menschen: seine gebändigte, zugehauene, zugeschliffene oder seine wild wuchernde Natur.

Marie von Ebner-Eschenbach

Der Charakter ist die sittliche Ordnung, durch das Medium einer individuellen Natur gesehen.

Ralph Waldo Emerson

Charakter im Großen und Kleinen ist, daß der Mensch demjenigen eine stete Folge gibt, dessen er sich fähig fühlt.

Johann Wolfgang von Goethe

Durch nichts bezeichnen die Menschen mehr ihren Charakter, als durch das, was sie lächerlich finden.

Johann Wolfgang von Goethe

Der Charakter des Menschen ist sein Schicksal.

Heraklit

Charakter: die Summe der Tendenzen, in einer
bestimmten Weise zu handeln.

Thomas Henry Huxley

Der Charakter sitzt nicht im Verstande, sondern
im Herzen.

Friedrich Heinrich Jacobi

Der Charakter ist ein Fels, an welchem gestrandete Schiffe
landen und anstürmende scheitern.

Immanuel Kant

Ich habe durch mein ganzes Leben gefunden, daß sich der
Charakter eines Menschen aus nichts so sicher erkennen
läßt, wenn alle Mittel fehlen, als aus einem Scherz, den
er übelnimmt.

Georg Christoph Lichtenberg

Charakter ist das, was du im Dunklen bist.

Dwight Lyman Moody

Charakter nennt man die Gebundenheit der Ansichten,
durch Gewöhnung zum Instinkt geworden.

Friedrich Nietzsche

Der Charakter wird mehr durch den Mangel gewisser
Erlebnisse als durch das, was man erlebt, bestimmt.

Friedrich Nietzsche.

Der Charakter ist weiter nichts als eine langwierige
Gewohnheit.

Plutarch

Zwischen Gelingen und Mißlingen, in Streit,
Anstrengung und Sieg bildet sich der Charakter.

Leopold von Ranke

Der Charakter zeigt sich im Verhalten eines Menschen
jenen gegenüber, die ihm nichts nützen.

Lothar Schmidt

Der Politiker gewinnt oft ein hohes Amt auf Grund von
Charaktereigenschaften, welche die Ursache dafür sind,
daß er es wieder verliert.

Lothar Schmidt

Politik verdirbt den Charakter nicht, doch sie stellt ihn auf
die Probe.

Lothar Schmidt

Charakterfestigkeit besitzen heißt, den Einfluß der
anderen auf sich selbst erprobt haben. Also bedarf es
der anderen.

Stendhal

Computer

Der Mensch ist immer noch der außergewöhnlichste
Computer von allen.

John F. Kennedy

Computer und Buch leben in friedlicher Koexistenz.

Lothar Schmidt

Manche Errungenschaften beruhen darauf, daß der Mensch
auch aus falschen Prämissen richtige Schlußfolgerungen zu
ziehen vermag. Der Computer schafft das nicht.

Lothar Schmidt

Dank

Ich glaube, die beste Definition des Menschen lautet:
undankbarer Zweibeiner.

Fjodor Michaijlowitsch Dostojewski

Wir sind für nichts so dankbar wie für Dankbarkeit.

Marie von Ebner-Eschenbach

Warum sagt man eigentlich dankbar? Weil der Mensch
gewöhnlich keinen Dank bar ausdrückt.

Moritz Gottlieb Saphir

Wir müssen dankbar sein für das, was wir kriegen, und für
das, was wir nicht kriegen, obgleich wir es verdienten.

Lothar Schmidt

Danken lehrt danken.

Norbert Stoffel

Demokratie

Demokratie entsteht, wenn man nach Freiheit und
Gleichheit aller Bürger strebt und die Zahl der Bürger,
nicht aber ihre Art berücksichtigt.

Aristoteles

Die Demokratie rennt nicht, aber sie kommt sicherer
zum Ziel.

Johann Wolfgang von Goethe

Wer heute auf die Demokratie schimpft, dem wird morgen
der Marsch geblasen.

Werner Mitsch

In dem Glauben an die Ideale ist alle Macht wie alle
Ohnmacht der Demokratie begründet.

Theodor Mommsen

Demokratie heißt nicht „ich bin so gut wie du",
sondern „du bist so gut wie ich".

Theodore Parker

Demokratie. Der Staat sagt: das Volk bin ich.

Lothar Schmidt

Demokratie: Herrschaft des Volkes, das den von Minder-
heiten bestimmten Mehrheitsentscheidungen gehorcht.

Lothar Schmidt

Demokratische Spielregeln begeistern die Menschen in
dem Maße, in dem sie mitspielen dürfen.

Lothar Schmidt

Die Schwäche der heutigen Demokratie liegt darin, daß
die Politiker mehr auf das achten, was ankommt, als auf
das, worauf es ankommt.

Lothar Schmidt

Zu den wichtigsten Prinzipien der Demokratie gehört:
selbst wer unrecht hat, hat Rechte.

Lothar Schmidt

Demut

Demut ist Unverwundbarkeit.

Marie von Ebner-Eschenbach

Demut ist eigentlich nichts anderes als eine
Vergleichung seines Wertes mit der moralischen
Vollkommenheit.

Immanuel Kant

Demut ist Selbsterkenntnis mit Rückversicherung.

Helmar Nahr

Demut zeigt, wer Demütigungen vermeiden will.

Lothar Schmidt

Denken

Denken ist Liebkosen der göttlichen Weisheit.

Bettina von Arnim

Das Denken ist gewissermaßen das Atemholen des Geistes.
man darf es nicht allzu lang unterlassen, wenn man nicht
Gefahr laufen will, geistig zugrundezugehen.

Aus den „Fliegenden Blättern"

Denken ist die Zauberei des Geistes.

Lord George Gordon Noël Byron

Wir bedürfen der Verbindung mit großen Denkern,
um selbst zu Denkenden zu werden.

William Ellery Channing

Alles Gescheite ist schon gedacht worden, man muß nur
versuchen, es noch einmal zu denken.

Johann Wolfgang von Goethe

Der Mensch ist, was er denkt.

Christian Friedrich Hebbel

Das Denken betrachtet alles in der Form der
Allgemeinheit und ist dadurch die Tätigkeit und
Produktion des Allgemeinen.

Georg Wilhelm Friedrich Hegel

Das Denken ist überhaupt das Auffassen und
Zusammenfassen des Mannigfaltigen in der Einheit.

Georg Wilhelm Friedrich Hegel

Denken ist das, was viele Leute zu tun glauben,
wenn sie lediglich ihre Vorurteile neu ordnen.

William James

Alles Denken ist nichts anderes als ein Vorstellen
durch Merkmale.

Immanuel Kant

Denken ist Reden mit sich selbst.

Immanuel Kant

Denken: die Erkenntnis durch Begriffe.

Immanuel Kant

Wenn man die Menschen lehrt, wie sie denken sollen, und
nicht ewighin, was sie denken sollen, so wird auch dem
Mißverständnis vorgebeugt.

Georg Christoph Lichtenberg

In schlimmen Zeiten sind Denkende Andersdenkende.

Werner Mitsch

Alles Denken ist wesentlich optimistisch. Der vollendete
Pessimist würde verstummen und - sterben.

Christian Morgenstern

Alles Denken ist Zurechtmachen.

Christian Morgenstern

Das menschliche Denken ist wie eine trübe Flüssigkeit,
die sich im Lauf der Jahrhunderte langsam klärt.

Christian Morgenstern

Denken heißt, das Naheliegende suchen.

Helmar Nahr

Das logische Denken ist das Muster einer vollständigen
Fiktion.

Friedrich Nietzsche

Das vernünftige Denken ist ein Interpretieren nach einem
Schema, welches wir nicht abwerfen können.

Friedrich Nietzsche

Denken ist ein Herausheben.

Friedrich Nietzsche

Er ist ein Denker: das heißt, er versteht sich darauf,
die Dinge einfacher zu nehmen als sie sind.

Friedrich Nietzsche

Für den Denker ist Langeweile Windstille der Seele.

Friedrich Nietzsche

Denken heißt Vergleichen.

Walther Rathenau

Selbst das Denken gleicht dem demokratischen Prozeß.
Logische Entscheidungen sind oft nur das Abstimmungs-
ergebnis zwischen Gründen und Gegengründen.

Lothar Schmidt

Wir sind ein Volk der Denker, denn wir denken immer
daran, was andere wohl von uns denken.

Gerhard Uhlenbruck

Das naive menschliche Denken geht von der Sache aus,
das wissenschaftliche von der Methode.

Richard von Weizsäcker

Diskussion

Diskussion ist eine Methode, andere in ihren Irrtümern zu
bestärken.

Ambrose Bierce

Die Diskussion ist eine der wichtigsten Dinge der Welt,
denn sie ist nahezu unsere einzige Arena des Denkens.
Ohne Diskussion ist jede intellektuelle Erfahrung nur eine
Übung in einer privaten Turnhalle.

Randolph Silliman Bourne

Eitelkeit ist die Seele der Diskussion.

Lothar Schmidt

Gelassenheit zeigt, wer in der Diskussion nur die
Augenbrauen hebt und nicht die Stimme.

Lothar Schmidt

In der politischen Diskussion ist nicht die Behauptung
entscheidend, sondern die Selbstbehauptung.

Lothar Schmidt

Dummheit

Dummheit, die man bei andern sieht, wirkt meist
erhebend aufs Gemüt.

Wilhelm Busch

Der Gescheitere gibt nach! Eine traurige Wahrheit;
sie begründet die Weltherrschaft der Dummheit.

Marie von Ebner-Eschenbach

Zu allen Zeiten haben die Kleinen für die Dummheit der
Großen büßen müssen.

Jean de La Fontaine

Ehrgeiz

Ehrgeiz: ein übermächtiges Verlangen, von seinen Feinden
zu Lebzeiten geschmäht und von seinen Freunden nach
dem Tode verlacht zu werden.

Ambrose Bierce

Ehrgeiz ist die einzige Macht, welche die Liebe besiegt.

Colley Cibber

Nur weil versucht wird, mit einem einzigen Sprung nach
oben zu gelangen, ist so viel Elend in der Welt.

William Cobbett

Ehrgeiz ist die Unbescheidenheit des Geistes.

Sir William Davenant

Egoismus: Schmerzlinderungsmittel gegen Dummheit.

Frank Leahy

Das Hauptelement des Ehrgeizes ist, zum Gefühl
seiner Macht zu kommen.

Friedrich Nietzsche

Ehrgeiz geizt mit der Ehre anderer.

Lothar Schmidt

Ehrgeiz taugt nur etwas in einer Partnerschaft
mit Arbeit.

Lothar Schmidt

Ehrgeiz ist die letzte Zuflucht des Versagens.

Oscar Wilde.

Ehrlichkeit

Ehrlichkeit ist oft nur in Verbindung mit anderen
Tugenden erträglich.

Werner Mitsch

Am ehrlichsten sind Politiker dann, wenn sie sagen,
was andere von ihnen denken sollen.

Lothar Schmidt

Ehrlich ist, wer seine Faulheit nicht für Müdigkeit ausgibt.

Lothar Schmidt

Ehrlich sein heißt - wie es in dieser Welt hergeht -,
ein Auserwählter unter Zehntausenden sein.

William Shakespeare

Ehrungen

Ehrungen, das ist, wenn die Gerechtigkeit ihren guten
Tag hat.

Konrad Adenauer

Ehrenwert ist der Mann, der selbst kein Unrecht tut, und
doppelter und dreifacher Ehre wert, wenn er auch nicht
geschehen läßt, das andere Unrecht tun.

Platon

Es ist besser, Ehrungen zu verdienen und nicht geehrt zu
sein, als geehrt zu sein und es nicht zu verdienen.

Mark Twain

Einsicht

Wer die bessere Einsicht hat, darf sich nicht scheuen,
unpopulär zu werden.

Sir Winston Churchill

Es gibt Leute, die nicht eher hören, als bis man ihnen die
Ohren abschneidet.

Georg Christoph Lichtenberg

Durchblick: Mancher Durchblicker sieht zwar das Licht,
aber nicht den Tunnel.

Helmar Nahr

Eitelkeit

Wir sind so eitel, daß uns sogar an der Meinung der Leute,
an denen uns nichts liegt, etwas gelegen ist.

Marie von Ebner-Eschenbach

Die Eitelkeit ist ein Affe des Stolzes.

Johann Georg Hamann

Die Eitelkeit ist die größte aller Schmeichlerinnen.

La Rochefoucauld

Neugier ist nichts als Eitelkeit. Meist will man nur
wissen, um davon reden zu können.

Blaise Pascal

Wenn der Ehrgeiz als Zwerg zur Welt kommt, nennt man
ihn Eitelkeit.

Unbekannt

Entscheidungen

Alles in der Welt kommt auf einen gescheiten Einfall und
auf einen festen Entschluß an.

Johann Wolfgang von Goethe

Es ist besser, ein Problem zu erörtern, ohne es zu entscheiden, als zu entscheiden, ohne es erörtert zu haben.

Joseph Joubert

Unser Entscheiden reicht weiter als unser Erkennen.

Immanuel Kant

Prioritäten setzen heißt auswählen,
was liegen bleiben soll.

Helmar Nahr

Wer trifft eine Entscheidung? Es ist die Entscheidung,
die dich trifft.

Lothar Schmidt

Erfolg

Erfolg: die eine unverzeihliche Sünde gegen
den Nächsten.

Ambrose Bierce

Erfolg ist das Kind der Keckheit.

Disraeli

Der Ruhm der kleinen Leute heißt Erfolg.

Marie von Ebner-Eschenbach

Der Erfolg ist eine Folgeerscheinung; niemals darf er zum
Ziel werden.

Gustave Flaubert

Der Erfolg hat schon viele Menschen ruiniert.

Benjamin Franklin

Der Erfolg gibt dem recht, der ihn hat, solange er
ihn hat.

Ernst R. Hauschka

Um in der Welt Erfolg zu haben, braucht man Tugenden,
die beliebt, und Fehler, die gefürchtet machen.

Joseph Joubert

Für großartig angelegte Menschen ist es die schwerste Aufgabe, auf der Zinne des Erfolges dessen natürliche Schran-
ke zu erkennen.

Theodor Mommsen

Die beste kurzfristige Erfolgsrechnung ist das
Mienenspiel deines Bankdirektors.

Helmar Nahr

Die Grundlage des Erfolgs ist eine klare Linie mit
hinreichend vielen Abzweigungen.

Helmar Nahr

Nichts ist überzeugender als Erfolg.

Leopold von Ranke

Erfolg stellt sich ein, wenn man mehr tut als nötig.
Und das immer.

Lothar Schmidt

Auf der untersten Sprosse der Erfolgsleiter ist die Unfall-
gefahr am geringsten.

Rupert Schützbach

Was ist Nationalismus? Das ist ein Patriotismus,
der seine Vornehmheit verloren hat.

Albert Schweitzer

Der Unterschied zwischen Fehlschlag und Erfolg
besteht darin, daß etwas nahezu richtig oder genau richtig
werde.

Charles Simmons

Erfolgreich sein heißt für die meisten Menschen nicht reich
an Erfolgen, sondern reich durch Erfolg.

Gerhard Uhlenbruck

Erst jagen wir nach dem Erfolg, und dann jagt der
Erfolg uns; circulus vitiosus.

Gerhard Uhlenbruck

Um sich selbst ins richtige Licht setzen zu können,
muß man die anderen in den Schatten stellen.

Gerhard Uhlenbruck

Wer einmal vom Fenster weg ist, hat keine Aussichten
mehr.

Gerhard Uhlenbruck

Erklärung

Erklären heißt, eine Erscheinung auf die angenommenen
vertrauten Verstandesbestimmungen zurückführen.

Georg Wilhelm Friedrich Hegel

Eine Sache erklären heißt, ein Bild ihres Wesens
vermitteln.

Helmar Nahr

Erklären heißt einschränken.

Oscar Wilde

Erziehung

Erziehen heißt den Kampf gegen sich selbst in seinen
Kindern weiterkämpfen.

Aus den „Fliegenden Blättern"

Erziehung ist die billigste Verteidigung der Nationen.

Edmund Burke

Erziehen heißt, natürliche Anlagen entwickeln.

Ferdinando Galiano

Nächst Freiheit und Gerechtigkeit ist Erziehung wichtig;
ohne sie kann weder Freiheit noch Gerechtigkeit dauernd
erhalten werden.

James Abraham Garfield

Die Erziehung ist nichts als die Kunst zu lehren, wie man
über eingebildete oder doch leicht besiegbare Schwierigkeiten hinauskommt.

Johann Wolfgang von Goethe

Wenn wir die Menschen behandeln, wie sie sind, so machen wir sie schlechter, wenn wir sie behandeln, wie sie
sein sollten, so machen wir sie zu dem, was sie werden
können.

Johann Wolfgang von Goethe

Die Erziehung hat den Zweck, den Menschen zu einem
selbständigen Wesen zu machen, d.h. zu einem Wesen von
freiem Willen.

Georg Wilhelm Friedrich Hegel

Das Ziel der Erziehung besteht darin, dem Kinde zu
ermöglichen, ohne Lehrer weiterzukommen.

Elbert G. Hubbard

Das wertvollste Ergebnis aller Erziehung besteht vermut-
lich in der Fähigkeit, sich dazu zu bringen, daß man das tut,
was man tun muß, wenn es getan werden soll, gleichgültig,
ob man es liebt oder nicht.

Thomas Henry Huxley

Erziehung ist die Hilfe zum Selbstwerden in Freiheit.

Karl Jaspers

Wir können nicht erziehen, weil alle Erziehung auf die
Ewigkeit gehen muß, und die Eltern der vor uns sitzenden
Jugend nicht die Ewigkeit wollen, sondern ganz ausdrück-
lich das, was zeitgemäß ist.

Paul Anton de Lagarde

Nicht Schüler irgendeines Menschen sein, aber Hörer aller!

Johann Caspar Lavater

Der größte Fehler, den man bei der Erziehung zu begehen
pflegt, ist dieser, daß man die Jugend nicht zum eigenen
Nachdenken gewöhnt.

Gotthold Ephraim Lessing

Erziehung ist Zeugung einer anderen Art.

Georg Christoph Lichtenberg

Das Werk aller Erziehung ist, bewußte Tätigkeiten in mehr
oder weniger unbewußte umzubilden.

Friedrich Nietzsche

Erziehung ist erst Lehre vom Notwendigen, dann vom
Wechselnden und Veränderlichen.

Friedrich Nietzsche

Erziehung ist, daß man sofort alles Erlebte unter
bestimmten Wahnvorstellungen begreift.

Friedrich Nietzsche

Erziehung soll Tugenden, so gut es geht, erzwingen.

Friedrich Nietzsche

Erziehung ist alles. Der Pfirsich war einst eine
Bittermandel und der Blumenkohl ist nichts als ein
Kohlkopf mit akademischer Bildung.

Mark Twain

Wie der Philanthrop die Pest auf ethischem Gebiet
darstellt, so stellt auf geistigem Gebiet der Mann die Pest
dar, der so sehr damit beschäftigt ist, andere zu erziehen,
daß er nie Zeit findet, sich selbst zu erziehen.

Oscar Wilde

Experte

Experte: ein Spezialist, der über etwas alles weiß
und über alles andere nichts.

Ambrose Bierce

Spezialist ist jemand, der sich auf eine von ihm
gewählte Form der Unwissenheit beschränkt hat.

Elbert G. Hubbard

Experten werden von Experten beurteilt,
Künstler von Laien.

Lothar Schmidt

Der Experte ist ein gewöhnlicher Mann, der - wenn er nicht
daheim ist - Ratschläge erteilt.

Oscar Wilde

Faulheit

Faulheit ist die Furcht vor bevorstehender Arbeit.

Cicero

Faulheit: der Hang zur Ruhe ohne vorhergehende Arbeit.

Immanuel Kant

Faulheit: die Angewohnheit, sich auszuruhen, bevor man
müde wird.

Jules Renard

Faust

Politik der starken Hand? - Ja, aber nur, wenn sie nicht zur Faust geballt ist.

Lothar Schmidt

Auch die geballte Faust ist ein Fingerzeig.

Rupert Schützbach

Es ist ein Unterschied, ob man von Kindheit an lernt, die Hände zu falten oder sie zur Faust zu ballen.

Hellmut Walters

Fehler

Deine wahren Freunde sehen deine Fehler und machen dich darauf aufmerksam; deine falschen Freunde sehen ebenfalls deine Fehler und machen andere darauf aufmerksam.

Aus den „Fliegenden Blättern"

Fehler wachsen mit der Annäherung,
Vorzüge mit der Entfernung.

Aus den „Fliegenden Blättern"

Alle menschlichen Fehler sind Ungeduld.

Franz Kafka

Dasjenige, wodurch die Menschen am meisten zu Fehlern veranlaßt werden, ist, daß sie sich meistens mit vagen Vorstellungen begnügen und sich nicht die Mühe geben, sich klar Ideen über die Dinge zu machen.

Friedrich II. (der Große)

Die meisten unserer Fehler erkennen und legen wir erst
dann ab, wenn wir sie an den anderen entdeckt und gesehen
haben, wie sie denen stehen.

Karl Gutzkow

Eine Fehlentscheidung auf Anhieb spart immerhin Zeit.

Helmar Nahr

Wenn du Menschen beurteilst, so frage nicht nach den
Wirkungen, sondern nach den Ursachen der Fehler,
die sie machen.

Walther Rathenau

Wenn es zutrifft, daß Menschen aus ihren Fehlern lernen,
haben wir alle eine großartige Erziehung genossen.

Lothar Schmidt

Wenn man einen Schnitzer macht, hauen die anderen gern
in die gleiche Kerbe.

Gerhard Uhlenbruck

Logik: Wer arbeitet, macht Fehler. Wer viel arbeitet, macht
viele Fehler. Wer keine Fehler macht, ist ein fauler Hund.

Unbekannt

Fernsehen

Fernsehen garantiert nicht Weitblick.

Lothar Schmidt

Fernsehen demonstriert Geometrie: aus dem Kreis der
Familie wird ein Halbkreis.

Lothar Schmidt

Man sollte Fernsehsendungen besser nach der
Einschlafquote messen.

Norbert Stoffel

Fleiß

Mit dem Fleiß bringt ein mittelmäßiger Kopf es weiter als
eine Überlegener ohne denselben.

Balthasar Gracián y Morales

Ihre Entstehung verdanken die Meisterwerke dem Genie,
ihre Vollendung dem Fleiß.

Joseph Joubert

Der Fleiß ist die Wurzel aller Häßlichkeit.

Oscar Wilde

Fragen

Eine Frage, die falsch gestellt wurde, kann durch eine
richtige Antwort nicht korrigiert werden.

Ernst R. Hauschka

Die Frage ist der Königsweg des Denkens.

Hermann Müller

Bemerke, höre, schweige. Urteile wenig, frage viel.

August Graf von Platen

Man muß viel gelernt haben, um über das, was man
nicht weiß, fragen zu können.

Jean-Jacques Rousseau

In der Politik stellen sich unüberlegte Antworten schneller
ein als überlegte Fragen.

Lothar Schmidt

Unliebsame Fragen provozieren langatmige Antworten.

Lothar Schmidt

Gretchenfragen werden in vielen Ländern unter
Anwendung des Faustrechts gestellt.

Rupert Schützbach

Keine Frage ist auch eine Antwort.

Norbert Stoffel

Freiheit

Freiheit ist nicht ein Mittel zu einem höheren politischen
Ziel, sie ist selbst das höchste politische Ziel.

Lord John E. Acton

Wir erfreuen uns persönlicher Freiheit - ein Gut so
unschätzbar, daß vielleicht nur diejenigen, die andere
Perioden unserer Geschichte miterlebt haben, ganz
ermessen können, was wir an der Freiheit besitzen.

Karl Carstens

So weit deine Selbstbeherrschung geht,
so weit geht deine Freiheit.

Marie von Ebner-Eschenbach

Ein freier Mensch ist ein Mensch,
der nach der Vernunft lebt.

Ernst Freiherr von Feuchtersleben

Jedes System ist ein System der Freiheit und der
Notwendigkeit zugleich.

Georg Wilhelm Friedrich Hegel

Freiheit ist politische Macht, geteilt in kleine Stücke.

Thomas Hobbes

Freiheit ist ein Gut, dessen Dasein weniger Vergnügen
bringt als seine Abwesenheit Schmerzen.

Jean Paul

Freiheit ist immer nur Freiheit des Andersdenkenden.

Rosa Luxemburg

Die Freiheit ist der Spielraum, den uns die Macht läßt.

Lothar Schmidt

Frei ist, wer keine Verletzungen fürchten muß.

Lothar Schmidt

Die wahre Freiheit ist nichts anderes als Gerechtigkeit.

Johann Gottfried Seume

Freiheit heißt nichts anderes als im Freisein von
vernunftswidrigem Zwange.

Heinrich von Treitschke

Freiheit ist ein Gut, das durch Gebrauch wächst, durch
Nichtgebrauch dahinschwindet.

Richard von Weizsäcker.

Freund

Ein wahrer Freund trägt mehr zu unserem Glück bei als
tausend Feinde zu unserem Unglück.

Marie von Ebner-Eschenbach

Ein Freund ist ein Bewaffneter, gegen den man
ohne Waffen kämpft.

Alphonse Karr

Freundschaft entsteht nicht durch gleiche Ansichten.
Freundschaft entsteht durch verwandte Reaktionen.

Lothar Schmidt

Der Freund ist ein Geschenk, das du dir selbst gibst.

Robert Louis Balfour Stevenson

Nur wenige Menschen sind bescheiden genug,
um zu ertragen, daß man sie richtig einschätzt.

Vauvenargues

Gedächtnis

Jeder klagt über sein mangelhaftes Gedächtnis, aber
niemand über seinen mangelhaften Verstand.

La Rochefoucauld

Aufmerksamkeit ist der Meißel des Gedächtnisses.

Gaston de Lévis

Das Gedächtnis ist ein Sieb, in dem wir unser Wissen
aufzubewahren trachten. Es empfiehlt sich, ab und zu
größere Gedanken zu fassen.

Lothar Schmidt

Kurzzitate erfreuen das Langzeitgedächtnis.

Lothar Schmidt

Gedächtnis ist das Tagebuch, das wir immer mit
uns herumtragen.

Oscar Wilde

Gedanken

Je einfacher und schmuckloser man seine Gedanken
vorträgt, desto stärker wirken sie.

Otto von Bismarck

Was wir einen glänzenden Gedanken nennen, ist meist nur
ein verfänglicher Ausdruck, der uns mit Hilfe von ein
wenig Wahrheit einen verblüffenden Irrtum aufzwängt.

Johann Wolfgang von Goethe

Gedanken, die schockweise kommen, sind Gesindel.
Gute Gedanken erscheinen in kleiner Gesellschaft.
Ein göttlicher Gedanke kommt allein.

Marie von Ebner Eschenbach

Gedanken sind das Eigentum dessen, der sie beherrbergen
kann, und dessen, derr sie entsprechend verwerten kann.

Ralph Waldo Emerson

Große Worte verbergen kleine Gedanken.

Lothar Schmidt

Geduld

Geduld ist die gezähmte Leidenschaft.

Lyman Abbott

Geduld: eine milde Form der Verzweiflung, verkleidet
als Tugend.

Ambrose Bierce

Geduld ist die Tugend der Kraft- oder Mutlosen.

Christina von Schweden

Geduld ist die Stütze der Schwäche, Ungeduld der Ruin
der Stärke.

Charles Caleb Colton

Geduld ist die Kunst zu hoffen.

Friedrich Ernst Daniel Schleiermacher

Geduld ist zweierlei: ruhige Ertragung des Mangels,
ruhige Ertragung des Übermaßes. Die echte Geduld zeugt
von großer Elastizität.

Novalis

Geduld ist die Wurzel aller Freuden und aller Fähigkeiten.
Die Hoffnung selbst hört auf, ein Glück zu sein, wenn sich
die Ungeduld zu ihr gesellt.

John Ruskin

Geld

Geld: eine Wohltat, die wir genießen, indem wir uns von
ihr trennen. Ein Beweis für Bildung und ein Paß, durchden
man Zutritt zur feinen Gesellschaft erlangt. Tragbares Eigentum.

Ambrose Bierce

Geld ist geprägte Freiheit.

Fjodor Michaijlowitsch Dostojewski

Wer der Meinung ist, daß man für Geld alles haben kann,
gerät leicht in den Verdacht, daß er für Geld alles zu tun
bereit sei.

Benjamin Franklin

Viel Geld verdirbt den Charakter (Regel)
oder es stärkt ihn (Ausnahme).

Ernst R. Hauschka

Dem wachsenden Geld folgt die Sorge.

Horaz

Das Geld ist der wahre Apostel der Gleichheit; wo es aufs
Geld ankommt, verlieren alle sozialen, politischen, religiö-
sen, nationalen Vorurteile und Gegensätze ihre Geltung.

Rudolf von Ihering

Nicht die moralischen Grundsätze, sondern das Geld
ist der Leitgedanke der Handelsnationen.

Thomas Jefferson

Geld: Zerbrechlichste aller Illusionen von Sicherheit.

Ron Kritzfeld

Geld im rechten Augenblick zu haben,
das allein ist Geld.

Detlev Freiherr von Liliencron

Geld ist das dem Menschen entfremdete Wesen seiner
Arbeit und seines Daseins, und dieses fremde Wesen
beherrscht ihn, und er betet es an.

Karl Marx

Alles Unheil dieser Welt kommt vom falsch
verteilten Geld.

Werner Mitsch

Geldgeschenke sind phantasielos. Vor allem kleine.

Werner Mitsch

Man darf kein Träumer sein, wenn man sein Geld im
Schlaf verdienen will.

Werner Mitsch

Das Geld ist nur das Fett des politischen Körpers,
wovon ein Zuviel ebenso seine Beweglichkeit behindert,
wie ein Zuwenig ihn krank macht.

Sir William Petty

Dieselben Gaben, die den Menschen befähigen, ein
Vermögen zu erwerben, verhindern ihn, es zu genießen.

Antoine de Rivarol

Das Geld, das man besitzt, ist das Mittel zur Freiheit, dasjenige, dem man nachjagt, das Mittel zur Knechtschaft.

Jean-Jacques Rousseau

Und es herrscht der Erde Gott, das Geld.

Friedrich von Schiller

Geld ist der beste Köder.

Geld überzeugt leichter als Logik.

Was man nicht für Geld kaufen kann, muß man gewöhnlich teuer bezahlen.

Es gibt Leute, die zahlen für Geld jeden Preis.

Geld ist nicht alles; aber es hat einen Riesenvorsprung vor allem, was danach kommt.

Mit dem Geld aus anderer Taschen ist leicht zahlen.

Geld ist eine neue Form der Sklaverei.

Das Geld ist eine dritte Hand.

Geld nennt man heute Knete, weil man jeden damit weich bekommt.

Man empfindet es oft als ungerecht, daß Menschen, die Stroh im Kopf haben, auch noch Geld wie Heu besitzen.

Manches wäre anders in der Welt, wenn man an manchen Dingen nichts verdienen würde.

Genie

Der Genius weist den Weg, das Talent geht ihn.

Marie von Ebner-Eschenbach

Genie ist die Kraft des Menschen, welche durch
Handeln und Tun Gesetz und Regel gibt.

Johann Wolfgang von Goethe

Genie ist Intelligenz der Begeisterung.

Christian Friedrich Hebbel

Ihre Entstehung verdanken die Meisterwerke dem
Genie, ihre Vollendung dem Fleiß.

Joseph Joubert

Das Talent arbeitet, das Genie schafft.

Robert Schumann

Gerechtigkeit

Freiheit, Gleichheit - schlechte Prinzipien! Das einzig
wahre Prinzip der Menschheit ist die Gerechtigkeit, und
Gerechtigkeit gegenüber Schwachen wird notwendiger-
weise Schutz und Güte.

Henri-Frédéric Amiel

Die Gerechtigkeit ist jene Tugend, die jedem gibt,
was ihm gehört.

Augustinus

Gerechtigkeit: eine Ware, die der Staat dem Bürger in mehr
oder minder verfälschtem Zustand als Belohnung für seine
Treue, Steuern und Dienste verkauft.

Ambrose Bierce

Gerechtigkeit ohne Barmherzigkeit ist lieblos,
Barmherzigkeit ohne Gerechtigkeit ist entehrend.

Friedrich von Bodelschwingh

Kein Mensch steht so hoch, daß er andern gegenüber nur
gerecht sein dürfte.

Marie von Ebner-Eschenbach

Gerechtigkeit ohne Weisheit ist unmöglich.

James Anthony Froude

Verzögerte Gerechtigkeit ist verweigerte Gerechtigkeit.

William Ewart Gladstone

Wer die Gerechtigkeit nicht schafft, der probiere es mal
mit der Verträglichkeit.

Ernst R. Hauschka

Gerechtigkeit besteht darin, von keinem Menschen
etwas zu nehmen, was ihm gehört.

Thomas Hobbes

Die Gerechtigkeit ist die Freiheit derer, welche gleich sind;
die Ungerechtigkeit ist die Freiheit derer, welche
ungleich sind.

Friedrich Heinrich Jacobi

Die Gerechtigkeit ist das Recht des Schwächeren.

Joseph Joubert

Gerechtigkeit ist nichts als die lebhafte Besorgnis,
daß man uns nichts nehme, was uns gehört.

La Rochefoucauld

Gerechtigkeit ist nichts anderes als die Nächstenliebe
der Weisen.

Gottfried Wilhelm Freiherr von Leibniz

Seid gerecht. Sucht nicht Schuldige, sondern Ursachen.

Werner Mitsch

Gerechtigkeit ist der Name, welchen wir einer
Entscheidung beimessen, die der Mehrzahl der
Nichtbetroffenen angenehm ist.

Helmar Nahr

Zweckmäßigkeit bildet die Voraussetzung und
Begrenzung der Gerechtigkeit.

Helmar Nahr

Eine Fortbildung der Gerechtigkeit ist die Billigkeit.

Friedrich Nietzsche

In der Gerechtigkeit vereinigen sich die höchsten und
seltensten Tugenden.

Friedrich Nietzsche

Gerechtigkeit ist die Versicherung, die auf unserem Leben
und auf dem Vermögen ruht; Gehorsam ist die Prämie, die
wir dafür bezahlen.

William Penn

Gerechtigkeit entspringt dem Neide;
denn ihr oberster Satz ist: Allen das Gleiche.

Walther Rathenau

Gerechtigkeit heißt Abwägen von Gründen
und Gegengründen.

Lothar Schmidt

Gerechtigkeit ist eine Form der Lösung sozialer Konflikte.

Lothar Schmidt

Jeder ist für Gerechtigkeit, weil er glaubt, sie belohne ihn
und sorge dafür, daß dem Nachbarn recht geschieht.

Lothar Schmidt

Politiker, die ungerecht behandelt werden, haben einen
Trost: sie gewinnen in den Augen der gerecht Denkenden.

Lothar Schmidt

Privilegien aller Art sind das Grab der Freiheit
und Gerechtigkeit.

Johann Gottfried Seume

Es gibt einen Punkt, bei dem selbst Gerechtigkeit
ungerecht ist.

Sophokles

Gerechtigkeit ist die feste Gesinnung, jedem zu lassen,
was ihm nach dem staatlichen Recht zukommt;
Ungerechtigkeit dagegen, unter dem Schein des Rechts
jemandem zu entziehen, was ihm nach der wahren
Auslegung des Gesetzes zukommt.

Baruch Benedikt de Spinoza

Wer die Schlechten schont, verletzt die Guten.

Publilius Syrus

Man kann nicht gerecht sein, wenn man nicht
menschlich ist.

Vauvenargues

Geschäfte

Ein tüchtiger Geschäftsmann ist wie ein Kapitän:
Er kennt den Kurs, meidet allzu hohes Risiko und
rechnet mit allen Eventualitäten.

Ernst R. Hauschka

Der Mensch ist ein Tier, das Geschäfte macht;
kein anderes Tier tut dies - kein Hund tauscht Knochen
mit einem anderen.

Adam Smith

Unter Geschäftsfreunden gilt die Freundschaft nicht dem Menschen, sondern dem Geschäft.

Norbert Stoffel

Geschichte

Geschichte ist versteinerte Vorstellungskraft.

Arthur Baer

Geschichte: eine meist falsche Darstellung von meist unwichtigen Ereignissen, herbeigeführt von Herrschern, die meist Knechte, und Soldaten, die meist Narren waren.

Ambrose Bierce

Geschichte ist eine Philosophie, die uns durch Beispiele lehrt.

Henry Saint-John Bolingbroke

Geschichte ist der Extrakt unzähliger Biographien.

Thomas Carlyle

Geschichte ist ein Destillat von Gerüchten.

Thomas Carlyle

Die Geschichte ist nichts als der Nagel, an dem das Bild hängt.

Alexandre Dumas der Ältere

Geschichte ist ein Roman, der geschehen ist; der Roman ist Geschichte, wie sie geschehen sein könnte.

Edmond de Goncourt

Die Geschichte ist die Kritik des Weltgeistes.

Christian Friedrich Hebbel

Die Geschichte, das Gedächtnis der Menschheit.

Christian Friedrich Hebbel

Geschichte ist nur das, was in der Entwicklung des
Geistes eine wesentliche Epoche ausmacht.

Georg Wilhelm Friedrich Hegel

Die Geschichte ist eine Sammlung von Grabschriften.

Elbert G. Hubbard

Der schönste, reichste, beste und wahrste Roman,
den ich je gelesen habe, ist die Geschichte.

Jean Paul

Die Geschichte ist ein selbstregulierender Prozeß, dem wir
allenfalls Etiketten aufkleben können.

Helmar Nahr

Geschichte ist eine Fabel, auf die man sich geeinigt hat.

Napoleon I.

Geschichte handelt fast nur von schlechten Menschen, die
später gutgesprochen worden sind.

Friedrich Nietzsche

Geschichte ist der Bericht von der Unvernunft
der Mehrheiten.

Lindsay Rogers

Der Gegenstand der Historie ist das Wirklichwerden alles
dessen, was praktisch notwendig ist.

Friedrich von Schlegel

Die Geschichte ist ein grenzenloses Frühwarnsystem, das
niemand ernst nimmt.

Lothar Schmidt

Die Geschichte wiederholt sich, wenn auch nicht so oft wie
das Fernsehen.

Lothar Schmidt

Die Geschichte ist meistens die Schande des Menschen-
geschlechts.

Johann Gottfried Seume

Geschichte ist das, was ein Volk in die Lage versetzt,
die Vergangenheit des anderen Volkes als Alibi
benutzen zu können.

Unbekannt

Gespräch

Gespräch ist gegenseitige distanzierte Berührung.
Marie von Ebner-Eschenbach

Was ist herrlicher als Gold? - Das Licht!
Was ist erquicklicher als Licht? - Das Gespräch!
Johann Wolfgang von Goethe

Selbstgespräche haben den Vorteil, daß man immer
zu Wort kommt.
Oliver Goldsmith

Selbstgespräche gelingen besser, wenn man sich vorher ein
wenig reinen Wein einschenkt.
Werner Mitsch

Dein Gesprächspartner soll nicht mit dir, sondern mit sich
zufrieden sein.
Lothar Schmidt

In Selbstgesprächen kommt auch der Rechthaberische auf
seine Kosten.
Lothar Schmidt

Wer in Bildern spricht, überzeugt leichter jene, die
besser sehen als denken können.
Lothar Schmidt

Gesunder Menschenverstand

Gesunder Menschenverstand ist der Maßstab
des Möglichen.

Henri-Frédéric Amiel

Gesunder Menschenverstand ist Instinkt; genug davon
ist Genius.

Josh Billings

Der gesunde Menschenverstand ist für den Geist,
was die Anmut für den Körper ist.

La Rochefoucauld

Der gesunde Menschenverstand ist der Türhüter des
Geistes: seine Pflicht ist es, verdächtigen Ideen den
Zutritt zu verwehren - und das Verlassen.

Daniel Stern

Gewalt

Gewalt ist Willensnegierung.

Rudolf von Ihering

Am leichtesten erträgt man noch die Gewalt, die man eines
Tages selbst auszuüben hofft.

Joseph Joubert

Was Gewalt heißt, ist nichts - Verführung ist die
wahre Gewalt.

Gotthold Ephraim Lessing

Er sagte „um jeden Preis".
Und er meinte „mit aller Gewalt".

Werner Mitsch

Mit Gewaltmaßnahmen kann man das Volk
unterdrücken, aber nicht regieren.

Tolstoi

Gewinn

Gewinn geht doch bei den meisten Menschen, in der
Rangordnung, der Ehre vor.

Aristoteles

Was der Mensch auch gewinne, er muß es teuer bezahlen,
wär's auch nur mit der Furcht, ob er's nicht wieder verliert.

Christian Friedrich Hebbel

Die Verteufelung des Gewinns beginnt mit
dem Wort „Profit".

Lothar Schmidt

Gewinn ist das Geld, das zählt.

Lothar Schmidt

Wer arbeitet, strebt nach Gewinn: Geldgewinn, Lust-
gewinn, Prestigegewinn. Auf die Mischung kommt es an.

Lothar Schmidt

Gewinn ist Segen, wenn man ihn nicht stiehlt.

William Shakespeare

Gewissen

Gewissen: jede Pause in der Kontinuität einer
unangenehmen Erwartung.

Ambrose Bierce

Das Gewissen ist der elastischste Stoff von der Welt. Heute kannst du es nicht über einen Maulwurfshügel spannen, morgen bedeckt es einen Berg.

Earl Edward George Bulwer-Lytton

Das Gewissen ist der Puls der Vernunft.

Samuel Taylor Coleridge

Das, was wir ein böses Gewissen nennen, ist immer ein gutes Gewissen. Es ist das Gute, was sich in uns erhebt und uns bei uns selber verklagt.

Theodor Fontane

Das Gewissen ist die Wunde, die nie heilt und an der keiner stirbt.

Christian Friedrich Hebbel

Das wahrhafte Gewissen ist die Gesinnung, das, was an und für sich gut ist, zu wollen.

Georg Wilhelm Friedrich Hegel

Das Gewissen des Menschen ist das Denken Gottes.

Victor Hugo

Gewissen: das Bewußtsein eines inneren Gerichtshofes im Menschen.

Immanuel Kant

Gewissenlosigkeit ist nicht Mangel des Gewissens, sondern der Hang, sich an dessen Urteil nicht zu kehren.

Immanuel Kant

Das Gewissen ist das Gesetz der Gesetze.

Alphonse Marie Louis de Lamartine

Das Gewissen ist die Stimme der Seele; die Leidenschaften sind die Stimmen des Körpers.

Jean-Jacques Rousseau

Das Gewissen hält uns keineswegs von allen Taten zurück;
doch es verhindert, daß wir Freude daran haben.

Lothar Schmidt

Neben dem moralischen Gewissen gibt es auch ein
sprachliches Gewissen. Das eine meldet die Fehltritte,
das andere die Fehlausdrücke.

Lothar Schmidt

Gewissen ist Gottes Gegenwart im Menschen.

Emanuel von Swedenborg

Gewissen ist bei den meisten Menschen die Erwartung der
Meinung anderer.

Jeremy Taylor

Das Gewissen ist die Stimme Gottes in der Seele.

Unbekannt

Gewissen: das Ding, das schmerzt, wenn sich sonst alles
andere wohlfühlt.

Unbekannt

Gewissen und Feigheit sind dieselben Dinge. Gewissen ist
der Handelsname der Firma. Das ist alles.

Oscar Wilde

Glauben

Alles Wissen geht aus einem Zweifel hervor und endigt in
einem Glauben.

Marie von Ebner-Eschenbach

Jeder glaubt gar leicht, was er fürchtet und was er wünscht.

Jean de La Fontaine

Dem Menschen einen Glauben schenken, heißt seine Kraft verzehnfachen.

Gustave Le Bon

Die Hutschnur ist die Gürtellinie unser Toleranz.

Werner Mitsch

Glaube nennt man die Angewöhnung geistiger Grundsätze ohne Gründe.

Friedrich Nietzsche

Glück

Glück ist Selbstgenügsamkeit.

Aristoteles

Seine Trefflichkeit, welcher Art sie auch sei, ungehindert üben zu können, ist das eigentliche Glück.

Aristoteles

Das Glück der Jugend ist Leichtsinn, das Glück des Alters Gleichgültigkeit.

Aus den „Fliegenden Blättern"

Glücklich ist, wer sein Unglück, unglücklich, wer sein Glück nicht fühlt.

Aus den „Fliegenden Blättern"

Das Glück gleicht dem Markte, wo oft, wenn man warten kann, die Preise fallen.

Francis Bacon

Glück, Freiheit: Negationen der Wirklichkeit.

Wilhelm Busch

Glücklich, wer seinen Beruf erkannt hat. Er verlange nach
keinem anderen Glück!

Thomas Carlyle

Das höchste Glück besteht in dem festen Willen,
tugendhaft zu handeln.

René Descartes

Man muß sein Glück teilen, um es zu multiplizieren.

Marie von Ebner-Eschenbach

Glücklich machen ist das höchste Glück.

Theodor Fontane

Gott, was ist Glück: eine Grießsuppe, eine Schlafstelle,
keine körperlichen Schmerzen - das ist schon viel.

Theodor Fontane

Glücklich der, der von sich sagen kann: ich habe eine
Träne getrocknet.

Guiseppe Giusti

Das höchste Glück ist das, welches unsere Mängel
verbessert und unsere Fehler ausgleicht.

Johann Wolfgang von Goethe

Gewiß ist der allein glücklich und groß, der weder zu
herrschen noch zu gehorchen braucht, um etwas zu sein.

Johann Wolfgang von Goethe

Glück ist, was jeder sich als Glück gedacht!

Friedrich Halm

Das Glück ist blind, heißt es. Aber diejenigen, die
hinter ihm herlaufen, sind auch blind. So ist Fortuna denn
die Blinde unter Blinden.

Christian Friedrich Hebbel

Glück heißt: das Ich vergessen bei einer nützlichen
Tätigkeit.

Elbert G. Hubbard

Das höchste Glück des Lebens besteht in der
Überzeugung, geliebt zu sein.

Victor Hugo

Das Vergleichen ist das Ende des Glücks und der
Anfang der Unzufriedenheit.

Sören Aabye Kierkegaard

Die Wunschlosigkeit glücklicher Menschen kommt von der
Windstille der Seele, die das Glück ihnen geschenkt hat.

La Rochefoucauld

Das Glück ist ein Zustand der Ruhe, der weder
Vergnügen noch Schmerzen hervorbringt,

Gaston de Lévis

Assoziation: ein langes Glück verliert schon bloß durch
seine Dauer.

Georg Christoph Lichtenberg

Freiheit von allen Illusionen ist das Glück der
Hoffnungslosen.

Ludwig Marcuse

Glück ist die angenehmste Form des Zufalls.

Werner Mitsch

Man ist glücklich, wenn man eine Sache erstrebt, obgleich
die Erfahrung lehrt, daß die Sache selbst nicht glücklich
macht; aber uns genügt die Illusion. Der Grund hierfür liegt
darin, daß unsere Seele eine Abfolge von Gedanken ist.

Montesquieu

Das Glück ist eine leichtfertige Person, die sich stark
schminkt und von ferne schön ist.

Johann Nepomuk Nestroy

Das Glück des Menschen beruht darauf, daß es für ihn eine
undiskutierbare Wahrheit gibt.

Friedrich Nietzsche

Die erste Wirkung des Glückes ist das Gefühl der Macht.

Friedrich Nietzsche

Glück liegt in der Geschwindigkeit des Fühlens
und Denkens.

Friedrich Nietzsche

In der Verachtung des Ehrgeizes begegnen wir einem der
Prinzipien des Glücks dieser Erde.

Edgar Allan Poe

Das höchste Glück des Menschen ist die Befreiung von
der Furcht.

Walther Rathenau

Wenn ein Mensch sagt: „Ich bin glücklich“, so meint er
einfach: „Ich habe keine Sorgen, die mich berühren.“

Jules Renard

Glück ist, wenn Gelegenheit auf Bereitschaft trifft.

Lothar Schmidt

Glücklich ist nicht, wer andern so vorkommt,
sondern wer sich selbst dafür hält.

Seneca

Glück heißt, stets gut getäuscht zu sein.

Jonathan Swift

Wer ist glücklich? Wer Gesundheit, Zufriedenheit und
Bildung in sich vereinigt.

Thales von Milet

Glück ist ein eigentümliches Gefühl, das dich
überkommt, wenn du zu beschäftigt bist, um dich
elend zu fühlen.

Unbekannt

Graffiti

Beim Griff in die eigene Tasche stellt man immer
wieder fest, daß die öffentliche Hand schon vorher
drin war.

Unbekannt

Bleibe im Land und wehre dich täglich.

Unbekannt

Da wir von allem nichts verstehen, reden wir überall mit.

Unbekannt

Der Mensch ist mit nichts zufrieden, außer mit sich selbst.
Je kleiner sein Gehirn ist, desto zufriedener ist er.

Unbekannt

Die Dinosaurier sind ausgestorben, weil sie sich falsch
entwickelt haben - zuviel Panzer, zuwenig Gehirn.

Unbekannt

Es gibt viel zu tun, warten wir's ab.

Unbekannt

Gibt es intelligentes Leben auf der Erde?
Ja, aber ich bin nur zu Besuch hier.

Unbekannt

Gott ist nicht tot. Es geht ihm gut, aber er arbeitet an einem
weniger ehrgeizigen Projekt.

Unbekannt

Ich kam, sah und sprühte.

Unbekannt

Jedem das Seine - und mir das Meiste.

Unbekannt

Kann denn Sprühen Sünde sein?

Unbekannt

Mehr Anarchie, weniger Chaos.

Unbekannt

Nicht das Wetter ist schlecht, sondern die Gesellschaft,
die es so gemacht hat.

Unbekannt

Nur Geduld! Mit der Zeit wird aus Gras Milch.

Unbekannt

Reden ist Silber - Ausreden Gold.

Unbekannt

Sozialismus ist Opium für das Proletariat.

Unbekannt

Unsere Botschaft: Werdet nicht erwachsen; erwachsen sein
heißt, Träumen aufgeben!

Unbekannt

Vorwärts - auf dem Marsch durch die Frustrationen.

Unbekannt

Weg mit den „Weg-mit"-Gruppen!

Unbekannt

Wer heute den Kopf in den Sand steckt, knirscht
morgen mit den Zähnen.

Unbekannt

Wer seine Stimme abgibt, hat nichts mehr zu sagen.

Unbekannt

Willst du Butter von den Behörden, schicke Milch auf
den Dienstweg.

Unbekannt

Wir fordern Berufsverbot für alle bei vollem
Lohnausgleich.

Unbekannt

Wir haben keine Überzeugung, aber die verteidigen
wir leidenschaftlich.

Unbekannt

Wir sind zu allem fähig, aber zu nichts zu gebrauchen.

Unbekannt

Wir sitzen alle in einem Boot; nur die einen angeln,
und wir rudern.

Unbekannt

Wir wissen nicht, was wir wollen, aber das mit
ganzer Kraft.

Unbekannt

Wissen ist Macht. Ich weiß nichts. Macht nichts.

Unbekannt

Wissen kann man wenig, aber versuchen kann man viel.

Unbekannt

Größe

Zur Größe kann man sich aufringen, aufschwingen,
aufdulden, aber nicht - aufblasen.

Marie von Ebner-Eschenbach

Größe besitzt, wer uns nie an andere erinnert.

Ralph Waldo Emerson

Größe heißt: Richtung-geben.

Friedrich Nietzsche

Wir liegen alle in der Gosse, aber einige zwischen uns
blicken zu den Sternen empor.

Oscar Wilde

Grundsätze

Beispiele unterstützen Grundsätze.

François René Vicomte de Chateaubriand

Wenn man sagt, daß man einer Sache grundsätzlich
zustimmt, so bedeutet es, daß man nicht die geringste
Absicht hat, sie in der Praxis durchzuführen.

Otto von Bismarck

Persönlichkeiten, nicht Grundsätze, bewegen das
Zeitalter.

Oscar Wilde

Handeln

Handeln ist höchster Egoismus.

Christian Friedrich Hebbel

Wir müßten uns oft unserer besten Taten schämen, wenn
die Beweggründe dazu ans Licht kämen.

La Rochefoucauld

Unsere Handlungen sind unsere guten und unsere
bösen Engel, die Schicksalsschatten, die an unserer
Seite schreiten.

Marcel Proust

Handeln ist nichts als das gemeinsame Anbequemen an
die Tatsachen.

Oscar Wilde

Wer seinen Gedanken nicht befiehlt, wird bald das
Kommando über seine Handlungen verlieren.

Thomas Woodrow Wilson

Historiker

Historiker: ein Breitspur-Klatschmaul.

Ambrose Bierce

Historiker sind Anwälte, die erst plädieren, wenn ihr Klient
schon gestorben ist.

Harold MacMillan

Der Historiker ist ein rückwärts gekehrter Prophet.

Friedrich von Schlegel

Humor

Humor ist, wenn man trotzdem lacht.

Otto Julius Bierbaum

Humor ist die äußerste Freiheit des Geistes, Humor ist
immer souverän.

Ludwig Börne

Humor ist Sonnenschein des Geistes.

Earl Edward George Bulwer-Lytton

Der Humor ist die einzige absolute Geburt des Lebens.

Christian Friedrich Hebbel

Humor ist das umgekehrt Erhabene, er erniedrigt das
Große, um ihm das Kleine, und erhöht das Kleine, um ihm
das Große an die Seite zu setzen und so beide zu vernich-
ten, weil vor der Unendlichkeit alles gleich und nichts ist.

Jean Paul

Der Humor ist die Harmonie des Herzens.

Douglas Jerrold

Humor ist gleichsam der Witz der Erfindung. Er darf sich
daher mit Bewußtsein äußern: aber er ist nicht echt, sobald
man Vorsatz dabei wahrnimmt.

Friedrich von Schlegel

Humor ist eines der besten Kleidungsstücke, die man in
Gesellschaft tragen kann.

William Makepeace Thackeray

Idee

Nur die Weisen sind im Besitz von Ideen; die meisten
Menschen sind von Ideen besessen.

Samuel Taylor Coleridge

Widersinnigkeiten sind nützlich, um die Aufmerksamkeit
für Ideen anzuziehen.

Mandell Creighton

In der Idee leben heißt das Unmögliche behandeln,
als wenn es möglich wäre.

Johann Wolfgang von Goethe

Jede große Idee, sobald sie in Erscheinung tritt,
wirkt tyrannisch.

Johann Wolfgang von Goethe

Die Idee ist die Einheit des Begriffs und der Realität.

Georg Wilhelm Friedrich Hegel

Es gibt Ideen, denen man nicht entrinnen kann. man
engagiert sich, wenn man ja sagt, wenn man nein sagt
und wenn man gar nichts sagt.

Theodor Herzl

Eine Idee ist nichts anderes als der Begriff von einer
Vollkommenheit, die sich in der Erfahrung noch nicht
vorfindet.

Immanuel Kant

Ideen werden zur Gewalt, sobald sie die Massen
ergreifen.

Lenin

Es hätte etwas aus seinen Ideen gemacht werden können,
wenn sie ihm ein Engel zusammengesucht hätte.

Georg Christoph Lichtenberg

Was beweist die Geschichte der Ideen anderes, als daß die
geistige Produktion sich mit der materiellen umgestaltet?
Die herrschenden Ideen einer Zeit waren stets nur die Ideen
der herrschenden Klasse.

Karl Marx

Je weiter sich eine Idee von ihrem Urheber entfernt,
umso mehr wird an ihr verdient.

Werner Mitsch

Tritt eine Idee in einen hohlen Kopf, so füllt sie ihn
völlig aus - weil keine andere da ist, die ihr den Rang
streitig machen könnte.

Montesquieu

Eine Idee ist ein bis zur Ironie vollendeter Begriff, eine
absolute Synthesis absoluter Antithesen, der stets sich
selbst erregende Wechsel zweier streitender Gedanken. Ein
Ideal ist zugleich Idee und Faktum.

Friedrich von Schlegel

Ideen sind wie Kinder: die eigenen liebt man am
meisten.

Lothar Schmidt

Neue Ideen drücken oft ebenso wie neue Schuhe.

Lothar Schmidt

Individualität

Individualismus ist die Sünde der politischen Freiheit.

James Fenimore Cooper

Die ausgewogenste Ordnung zwischen Individualismus
und Kollektivismus bringt der Friedhof: hier ist jeder
für sich allein und keiner für sich allein.

Ernst R. Hauschka

Der höchste Grad von Individualität wird erreicht,
wenn jemand in der höchsten Anarchie sein Reich gründet
als Einsiedler.

Friedrich Nietzsche

Individualität ist das, was dich von der Welt absondert;
Liebe ist das, was dich ihr verbindet. Je stärker die
Individualität, desto stärker erfordert sie Liebe.

Walther Rathenau

Durch die Individualität des Menschen ist das Maß
seines möglichen Glückes zum voraus bestimmt.

Arthur Schopenhauer

Information

Der Erfolgreichste ist im Leben der, welcher die beste
Information besitzt.

Disraeli

Die beste Methode, um Informationen zu bekommen,
ist die, selbst welche zu geben.

Niccolò Machiavelli

Mit Schlagzeilen erobert man Leser. Mit Informationen
behält man sie.

Alfred Northcliff

Bei vielen Reden ist die Informationsübertragung nur
eine Randerscheinung.

Lothar Schmidt

Die beste Informationsquelle sind Leute, die
versprochen haben, nichts weiterzuerzählen

Lothar Schmidt

Der Entzug von Informationen führt zum Optimismus.

Norbert Stoffel

Zur größeren Klarheit über seine Gedanken gelangt man,
indem man sie andern klar zu machen sucht.

Joseph Unger

Intelligenz

Intelligenz ist ein Luxus, der manchmal nutzlos, manchmal tödlich ist. Sie ist eine Fackel oder ein Feuerbrand - je nach dem Gebrauch, den man vonihr macht.

Fernán Caballero

Solange wir nicht definieren können, was „Intelligenz" ist, sollten wir nicht meinen festlegen zu können, was mehr oder weniger nützlich für die Menschen ist.

Ernst R. Hauschka

Der beste brain-trust ist ein intelligentes Gehirn.

Helmar Nahr

Die „Intelligenz" erscheint als eine besondere Form der Unvernunft.

Friedrich Nietzsche

Die Arroganz der Intelligenten ist noch größer als die der Reichen.

Charles Pierre Péguy

Die Intelligenz ist die Magd des Willens.

Arthur Schopenhauer

Interesse

Es kommt nichts ohne Interesse zustande.

Georg Wilhelm Friedrich Hegel

Das Interesse ist auf der Erde jener mächtige Zauber, der in den Augen aller Geschöpfe die Gestalt aller Gegenstände verwandelt.

Claude-Adrien Helvétius

Alles, was sich zu lange hinschleppt, ehe es zu etwas
nur irgend Sichtbarem führt, verliert an Interesse.

Wilhelm von Humboldt

Interessenvertreter sind Leute, die in unserem Namen
ihre Interessen vertreten.

Helmar Nahr

Die Reichweite der Interessenlage bestimmt die
Dauerhaftigkeit politischer Grundsätze.

Lothar Schmidt

Interessiert sind immer nur die Leute mit eigenem
Interesse.

Gerhard Uhlenbruck

Intuition

Das eigentlich Wertvolle ist im Grunde die Intuition.

Albert Einstein

Intuitionen sind Träume, deren man sich erinnert.

Walther Rathenau

Intuition ist eine Vermutung, die es geschafft hat.

Lothar Schmidt

Intuition ist der eigenartige Instinkt, der einer Frau sagt,
daß sie recht hat, gleichgültig, ob das stimmt oder nicht.

Oscar Wilde

Investition

Eine Investition in Wissen bringt immer noch die
besten Zinsen.

Benjamin Franklin

Es wird so viel von Tariflöhnen gesprochen, müßte es da nicht gerechterweise auch so etwas wie Tarifgewinne geben? Gibt es doch schon: Es sind die Bruttogewinne abzüglich Steuern und Investitionen.

Robert Muthmann

Wissenschaft hat etwas Faszinierendes an sich. So eine geringfügige Investition an Fakten liefert so einen reichen Ertrag an Voraussagen.

Mark Twain

Ironie

Die Ironie ist die Tapferkeit der Schwachen und die Feigheit der Starken.

André Berthet

Ironie ist die letzte Phase der Enttäuschung.

Anatole France

Ironie ist das Körnchen Salz, das das Aufgetischte überhaupt erst genießbar macht.

Johann Wolfgang von Goethe

Der Ironiker ist meist nur ein beleidigter Pathetiker.

Christian Morgenstern

Ironie ist die Fähigkeit, noch an Mißständen seinen Spaß zu haben.

Robert Muthmann

Ironie ist die Rache des menschlichen Geistes an der uneinsichtigen Gesellschaft.

Helmar Nahr

Ironie ist klares Bewußtsein der ewigen Agilität,
des unendlich vollen Chaos.

Friedrich von Schlegel

Ironie ist Verteidigung unserer Identität.

Lothar Schmidt

Die Ironie ist eine Beleidigung in Form eines
Kompliments.

Edwin Percy Whipple

Irrtum

Ein Irrtum ist um so gefährlicher, je mehr Wahrheit
er enthält.

Henri-Frédéric Amiel

Die Irrtümer eines großen Geistes sind belehrender als die
Wahrheiten eines kleinen.

Ludwig Börne

Die Irrtümer des Menschen machen ihn liebenswürdig.

Johann Wolfgang von Goethe

Durch die Antithese schleicht sich der Irrtum zur Wahrheit.

Friedrich Nietzsche

Jeder Irrtum hat drei Stufen; auf der ersten wird er ins
Dasein gerufen, auf der zweiten will man ihn nicht
eingestehen, auf der dritten macht nichts ihn ungeschehen.

Franz Grillparzer

Unsere Irrtümer sind unsere Wegweiser. Mag sein.
Das Unglück ist nur, daß wir in jedem so gern ein Ziel
erblicken.

Carl Gustav Jochmann

Aller Irrtum besteht darin, daß wir unsere Art,
Begriffe zu bestimmen oder abzuleiten oder
einzuteilen, für Bedingungen der Sachen an sich
selbst halten.

Immanuel Kant

Irrtümer entspringen nicht allein daher, weil man gewisse
Dinge nicht weiß, sondern weil man sich zu urteilen
unternimmt, obgleich man doch nicht alles weiß, was
dazu erfordert wird.

Immanuel Kant

Alle Menschen neigen zum Irrtum; und die meisten von
ihnen sind in vielerlei Hinsicht der Versuchung des Irrtums
durch Leidenschaft oder Interesse ausgesetzt.

John Locke

Auf dem Floß unserer Irrtümer rudern wir von
Halbwahrheiten zu Halbwahrheiten.

Helmar Nahr

Irrtum ist das notwendige Instrument der Wahrheit.
Mit dem Irrtum mach' ich Wahrheit; vollständiger
Gebrauch des Irrtums - vollständiger Besitz der Wahrheit.

Novalis

Jene Irrtümer, die sich noch als die praktisch
zweckmäßigsten und brauchbarsten erwiesen haben,
nennt man Wahrheit.

Peter Rosegger

Irren ist verständlich; den Irrtum zugeben
unwahrscheinlich.

Lothar Schmidt

Vor dem Bündnis zwischen Vernunft und Experiment
flieht der Irrtum.

LotharSchmidt

Was gestern der Irrtum, ist heute die computergestützte Milchmädchenrechnung.

Lothar Schmidt

Irrtum bedeutet Finsternis für den Geist und eine Falle für die Tugend.

Vauvenargues

Jugend

Ich habe überhaupt keine Hoffnung mehr in die Zukunft unseres Landes, wenn einmal unsere heutige Jugend die Männer von morgen stellt. Unsere Jugend ist unerträglich, unverantwortlich und entsetzlich anzusehen.

Aristoteles

Was ist Jugend? Ein Traum. Was ist Liebe? Der Inhalt des Traums.

Sören Aabye Kierkegaard

Jugend ist beständige Trunkenheit: sie ist das Fieber der Vernunft.

La Rochefoucauld

Was ist eigentlich alt? Was jung? Jung, wo die Zukunft vorwaltet. Alt, wo die Vergangenheit die Übermacht hat.

Novalis

In seiner Jugend bekennt man Farbe, im Alter färbt man sein Bekenntnis.

Gerhard Uhlenbruck

Jurist

Juristen denken nicht. Juristen vollziehen Denkprozesse.

Werner Mitsch

Der Juristentraum vom Himmel: Alle beanspruchen bei
der Auferstehung ihr Vermögen, und jeder versucht es, von
seinen Vorvätern wieder zu erlangen.

Samuel Butler der Jüngere

Die Jurisprudenz ist das Subsumieren des Besonderen
unter das Allgemeine, das Zusammenschließen derselben.

Georg Wilhelm Friedrich Hegel

Juristen sind wie Schuster, die zerren mit den Zähnen das
Leder; sie die Rechte, daß sie sich müssen dehnen.

Friedrich Freiherr von Logau

Philosophische Juristen nennen sich auch solche, die
neben ihren anderen Rechten, die oft so unrechtlich sind,
auch ein Naturrecht haben, welches nicht selten noch
unrechtlicher ist.

Friedrich von Schlegel

Karriere

Es gibt zwei Wege für den politischen Aufstieg:
entweder man paßt sich an oder man legt sich quer.

Konrad Adenauer

Am sichersten macht man Karriere, wenn man den
anderen den Eindruck vermittelt, es sei von Nutzen,
einem zu helfen.

Jean de La Bruyère

Man kann es auf zweierlei Art zu etwas bringen: durch
eigenes Können und durch die Dummheit der anderen.

Jean de La Bruyère

Alle Welt liebt den Menschen, der sein Licht leuchten läßt,
indem er es unter den Scheffel stellt.

Lothar Schmidt

Angst vor dem Abstieg hält manchen auf den Gipfeln
des Vorgebirges fest.

Lothar Schmidt

Türen öffnen sich leicht dem, der eine Schlüsselposition
innehat.

Lothar Schmidt

Wer nach oben kommen will, stellt sich gerne auf die
Zehen anderer.

Lothar Schmidt

Zu einer Blitzkarriere kommt es selten ohne
Donnerwetter.

Rupert Schützbach

Am schnellsten kommt man auf dem Steckenpferd
seines Vorgesetzten voran.

Sprichwort aus Rumänien

Was du immer kannst werden, Arbeit scheue
nicht und wachen. Aber hüte deine Seele vor dem
Karrieremachen!

Theodor Storm

Empörung empfindet man, wenn jemand empor kommt.

Gerhard Uhlenbruck

Leute, die keinen Schuß Pulver wert sind, werden
auch nicht abgeschossen.

Gerhard Uhlenbruck

Klasse

Die vollkommenste politische Gemeinschaft ist die, in der eine Mittelklasse herrscht, die den beiden anderen Klassen zahlenmäßig überlegen ist.

Aristoteles

Die herrschenden Ideen einer Zeit waren stets nur die Ideen der herrschenden Klasse.

Friedrich Engels

Klassen sind Gruppen von Menschen, von denen die eine sich die Arbeit der anderen aneignen kann infolge der Verschiedenheit ihres Platzes in einem bestimmten System der gesellschaftlichen Wirtschaft.

Lenin

Die Regierungskunst besteht darin, soviel Geld wie möglich einer Klasse von Bürgern zu nehmen und es einer anderen zu geben.

Voltaire

Die Welt ist in zwei Klassen geteilt, in diejenigen, welche das Unglaubliche glauben, und diejenigen, welche das Unwahrscheinliche tun.

Oscar Wilde

Klugheit

Ich bin immer der Meinung der Klugen, wenn sie zuerst sprechen.

William Congreve

Zu wissen, daß er dumm ist, das ist des Dummen höchste Klugheit.

Christian Friedrich Hebbel

Der Klügere gibt nach, aber nicht auf.

Rupert Schützbach

Kommunikation

Ein dichtes Kommunikationsnetz bewirkt auch,
daß vieles gesagt wird, was nicht viel besagt.

Lothar Schmidt

Konferenzschaltungen ersetzen kein Händeschütteln.

Lothar Schmidt

Manchmal hilft eine härtere Sprache, Verständigungs-
schwierigkeiten abzubauen.

Rupert Schützbach

Kompliment

Wie es selten Komplimente gibt ohne Lüge, so finden sich
auch selten Grobheiten ohne alle Wahrheit.

Gotthold Ephraim Lessing

Frauen werden nie durch Komplimente entwaffnet.
Männer immer .

Oscar Wilde

Ich fühle mich unbehaglich bei solchen Komplimenten:
„Ich habe Ihnen viel Mühe gemacht"; „ich fürchte, Sie zu
langweilen"; „ich fürchte, es dauert zu lange". Dadurch
bringt man die Leute erst darauf, daß das wahr ist, oder
man reizt sie.

Blaise Pascal

Komplimente: übertriebene Wahrheiten.

Lothar Schmidt

Nacheifern ist die aufrichtigste Form des Kompliments.

Lothar Schmidt

Kopf

Ein Kopf ohne Gedächtnis ist eine Festung
ohne Besatzung.

Napoleon I.

Die meisten Menschen sind wie Stecknadeln: nicht der
Kopf ist das Wichtigste an ihnen.

Jonathan Swift

Wenn man oft vor den Kopf gestoßen wird, verliert man
eines Tages den Verstand.

Gerhard Uhlenbruck

Lachen

Lachen ist ein Gefühl des Wohlbehagens, das überall wahr-
genommen und hauptsächlich an einer Stelle gezeigt wird.

Josh Billings

Lachen ist ein Ausdruck relativer Behaglichkeit.

Wilhelm Busch

Der Tag ist ganz und gar verloren, an dem man nicht
gelacht hat.

Nicolas Chamfort

Lachen kann als eine Art zuckender und unfreiwilliger
Bewegung definiert werden, die durch bloße Überraschung
oder einen Gegensatz hervorgerufen wird, bevor sie Zeit
hat, die widersprechenden Erscheinungen miteinander zu
verbinden.

William Hazlitt

Lachen: ein Affekt aus der plötzlichen Verwandlung
einer gespannten Erwartung in nichts.

Immanuel Kant

Lachen und Lächeln sind Tor und Pforte, durch die viel
Gutes in den Menschen hineinhuschen kann.

Christian Morgenstern

Schön ist es, miteinander zu schweigen,
schöner - miteinander zu lachen.

Friedrich Nietzsche

Wer über sich lacht, lacht am besten.

Norbert Stoffel

Das Lächeln ist ein Licht, das sich im Fenster eines
Gesichts zeigt, und anzeigt, daß das Herz daheim ist.

Unbekannt

Langeweile

Langweiler: Ein Mensch, der redet, wenn du wünscht,
daß er zuhört.

Ambrose Bierce

Langeweile ist eine Halbschwester der Verzweiflung.

Marie von Ebner-Eschenbach

Steril ist der, dem nichts einfällt. Langweilig ist,
wer ein paar alte Gedanken hat, die ihm alle Tage
neu einfallen.

Marie von Ebner-Eschenbach

Langeweile! Du bist Mutter der Musen.

Johann Wolfgang von Goethe

Wir können denen verzeihen, die uns langweilen, aber
nicht denen, die sich von uns gelangweilt fühlen.

La Rochefoucauld

Langeweile ist eine Krankheit. Die Arbeit ist ihr Heilmittel.
Das Vergnügen ist nur ein Linderungsmittel.

Gaston de Lévis

Wer sich mit sich allein langweilt, hat auch das Zeug,
andere zu langweilen.

Carl Ludwig Schleich

Langeweile ist die Not derer, die keine Not kennen.

Sprichwort

Das einzige Unglück ist ein Leben der Langeweile.

Stendhal

Langeweile ist noch immer ein Eigenprodukt.

Norbert Stoffel

Das Geheimnis zu langweilen besteht darin,
alles zu sagen.

Voltaire

Langeweile ist das Unglück der Glücklichen.

Horace Walpole

Leben

Das Leben eines jeden Menschen ist ein von
Gotteshand geschriebenes Märchen.

Hans Christian Andersen

Das Leben ist ein Schultyrann.

Aus den „Fliegenden Blättern"

Das Leben ist ein Examen. Im ersten Drittel bereiten wir
uns vor, im zweiten werden wir geprüft, im dritten
warten wir auf die Note. Sie wird meist erst bekannt,
wenn wir tot sind.

Aus den „Fliegenden Blättern"

Unser Leben gleicht einem Schachspiel: Ist das Leben der
Menschen zu Ende, so kommen alle Figuren, Könige,
Königinnen, Läufer, Türme, Springer und Bauern - alle in
einen Sack.

Aus den „Fliegenden Blättern"

Das Leben ist eine Schule der Wahrscheinlichkeit.

Walter Bagehot

Das Leben ist wie ein geschicktes Zahnausziehen.
Man denkt immer, das Eigentliche solle erst kommen,
bis man plötzlich sieht, daß alles vorbei ist.

Otto von Bismarck

Das Leben ist eine Erfahrung, die einem Violinsolo in der
Öffentlichkeit gleicht; man lernt das Instrument während
des Spielens.

Samuel Butler der Jüngere

Leben ist die Kunst, taugliche Schlußfolgerungen aus
unzureichenden Prämissen zu ziehen.

Samuel Butler der Jüngere

Das Leben ist ein Spiel. Man macht keine größeren
Gewinne, ohne Verluste zu riskieren.

Christina von Schweden

Leben ist eine unheilbare Krankheit.

Abraham Cowley

Die Menschen, denen wir eine Stütze sind, geben uns den
Halt im Leben.

Marie von Ebner-Eschenbach

Das Leben besteht in dem, was ein Mensch den ganzen
Tag über denkt.

Ralph Waldo Emerson

Leben ist ewiger Unterricht in Ursache und Wirkung.

Ralph Waldo Emerson

Leben ist Streben nach Macht.

Ralph Waldo Emerson

Das Leben ist ein Spiel, wie alle Spiele sind: Wer's nicht
versteht, verliert, und wer's versteht, gewinnt.

Johann Wilhelm Ludwig Gleim

Das Leben ist ein Streit, aus dem wir einen
Charakter bilden.

Johann Wolfgang von Goethe

Das Leben ist nur ein physikalisches Phänomen.

Ernst Häckel

Das Leben ist eine Treppe: Wir wissen nie, ob es mit uns
aufwärts oder abwärts geht.

Ernst R. Hauschka

Das Leben ist ein Traum, der sich selbst bezweifelt.

Christian Friedrich Hebbel

Das Leben ist eine in siebenfaches Goldpapier
eingewickelte Bittermandel.

Christian Friedrich Hebbel

Das Leben ist nie etwas, es ist nur die Gelegenheit zu
einem Etwas.

Christian Friedrich Hebbel

Das Leben ist vielleicht auch nur ein höchster
Begriff wie Raum und Zeit; es ist die Kategorie
der Möglichkeit.

Christian Friedrich Hebbel

Das Leben ist weder Zweck noch Mittel;
das Leben ist ein Recht.

Heinrich Heine

Das Leben ist einfach ein verdammtes Ding nach
dem anderen.

Elbert G. Hubbard

Leben ist als ein jeweils in Verwandlung sich erhaltendes
Ganzes, das geboren wird und stirbt.

Karl Jaspers

Das Leben ist eine Tragödie für die, die fühlen,
und eine Komödie für die, die denken.

Jean de La Bruyère

Leben ist das Einatmen der Zukunft.

Pierre Leroux

Das Leben ist eine Reise, die heimwärts führt.

Herman Melville

Das Leben ist die Suche des Nichts nach dem Etwas.

Christian Morgenstern

Das Wesen des Lebens ist der Wille zur Macht.

Friedrich Nietzsche

Leben ist Streit um Geschmack und Schmecken.

Friedrich Nietzsche

Leben ist Anfang des Todes. Das Leben ist um des
Todes willen. Der Tod ist Endigung und Anfang
zugleich, Scheidung und nähere Selbstverbindung
zugleich. Durch den Tod wird die Reduktion vollendet.

Novalis

Leben heißt träumen, weise sein heißt angenehm träumen.

Friedrich von Schiller

Der Mensch gerät immer wieder in Konflikt mit dem
Leben, nach dem er sich sehnt, und dem Leben, das er
führen muß.

Lothar Schmidt

Leben besteht zu 10 Prozent aus dem, was man daraus
macht; zu 90 Prozent geht es darum, wie man damit
fertig wird.

Lothar Schmidt

Das Leben ist ein Pensum zum Abarbeiten.

Arthur Schopenhauer

Das Leben ist ein Spiel, in dem Gott die Karten mischt,
der Teufel abhebt und wir die Stiche machen müssen.

Sprichwort aus Jugoslawien

Das Leben ist nicht mehr als ein Traum - aber weck mich
nicht auf!

Sprichwort der Juden

Das Leben ist der Vordereingang zur Ewigkeit.

Unbekannt

Wenn es überhaupt einen Zweck des Lebens gibt, so ist es
dieser: sich immer in Versuchung zu begeben.

Oscar Wilde

Lebenskunst

Lebenskunst besteht zu neunzig Prozent aus der Fähigkeit,
mit Menschen auszukommen, die man nicht mag.

Samuel Goldwyn

Lebenskunst ist die Kunst, Schmerzen zu vermeiden.

Thomas Jefferson

Lebenskünstler sind Menschen, die sich auf das
Überflüssige beschränken.

Werner Mitsch

Lebenskunst ist die Fähigkeit, mit dem Streß fertig
zu werden.

Lothar Schmidt

Der wahre Lebenskünstler muß knapp, klar und
illusionslos sein.

Stendhal

Glück zu haben ist Schicksals Gunst, glücklich sein
ist Lebenskunst.

Unbekannt

Lehren

Zu wissen, wie man anregt, ist die Kunst des Lehrens.

Henri-Frédéric Amiel

Lehren heißt: die Dinge zweimal lernen.

Joseph Joubert

Man lernt am schnellsten und am ehesten, indem man
andere lehrt.

Rosa Luxemburg

Erziehung ist eine wunderbare Sache, doch muß man sich von Zeit zu Zeit besinnen, daß nichts, was von Wert ist, gelehrt werden kann.

Oscar Wilde

Leistung

Es hat noch niemand etwas Ordentliches geleistet, der nicht etwas Außerordentliches leisten wollte.

Marie von Ebner-Eschenbach

Wenn der Mensch alles leisten soll, was man von ihm fordert, so muß er sich für mehr halten, als er ist.

Johann Wolfgang von Goethe

Es gibt nur drei Methoden, um leben zu können: betteln, stehlen oder etwas leisten.

Graf de Mirabeau

Die Leistung, nicht das Glück, ist der Maßstab historischer Größe.

Cornelius Nepos

Leistung allein genügt nicht. Man muß auch jemanden finden, der sie anerkennt.

Lothar Schmidt

Nur Leistung besänftigt die Qualität.

Norbert Stoffel

Lernen

Zum steten Lernen bleibt auch das Alter jung.

Aischylos

Was man lernen muß, um es zu tun, das lernt man,
indem man es tut.

Aristoteles

Wir lernen nur von denen, die wir lieben.

Johann Wolfgang von Goethe

Lernen heißt nicht nur, mit dem Gedächtnis die Worte
auswendig lernen - die Gedanken anderer können nur
durch das Denken aufgefaßt werden, und dieses Nachdenken ist auch lernen.

Georg Wilhelm Friedrich Hegel

Man sollte sich nicht schlafen legen, ohne sagen zu
können, daß man an dem Tage etwas gelernt habe.

Georg Christoph Lichtenberg

In der Welt lernt der Mensch nur aus Not
oder Überzeugung.

Johann Heinrich Pestalozzi

Durch Lehren lernen wir.

Seneca

Wer nicht lernen will, wird lernen müssen.

Norbert Stoffel

Lesen

Lesen ist für den Geist das, was Gymnastik für
den Körper ist.

Joseph Addison

Leute, die viel lesen, sind meistens tolerant; sie lernen das
nicht aus den Büchern, sondern von den Büchern.

Ernst R. Hauschka

Lesen ist ein geniales Mittel, das Denken zu
vermeiden.

Sir Arthur Helps

Lesen heißt den philologischen Trieb befriedigen, sich
selbst literarisch affizieren. Aus reiner Philosophie oder
Poesie ohne Philologie kann man wohl nicht lesen.

Friedrich von Schlegel

Lesen heißt, mit einem fremden Kopf statt dem
eigenen denken.

Arthur Schopenhauer

Literatur

Die Literatur ist der Ausdruck der Gesellschaft wie das
Wort der Ausdruck des Menschen ist.

Louis Gabriel Ambroise de Bonald

Literatur ist das Fragment der Fragmente.
Das wenigste dessen, was geschah und gesprochen
worden, ward geschrieben. Vom Geschriebenen ist das
wenigsteübriggeblieben.

Johann Wolfgang von Goethe

Literatur ist Unsterblichkeit der Sprache.

August Wilhelm von Schlegel

Literatur ist gedruckter Unsinn.

Johan August Strindberg

Lob und Tadel

Lob: eine Huldigung, die wir solchen Leistungen
darbringen, die den eigenen zwar nicht gleichkommen,
ihnen aber doch ähnlich sind.

Ambrose Bierce

Dafür, daß uns am Lobe nichts liegt, wollen wir
besonders gelobt sein.

Marie von Ebner-Eschenbach

Tadeln ist leicht: deshalb versuchen sich so viele darin.
Mit Verstand loben ist schwer; darum tun es wenige.

Anselm Feuerbach

Wen jemand lobt, dem stellt er sich gleich.

Johann Wolfgang von Goethe

Wer mich lobt, erweckt in mir die Idee von der Macht,
mit der immer die Idee vom Glück verbunden ist.

Claude-Adrien Helvétius

Anerkennung braucht jedermann. Alle Eigenschaften
können durch totale Gleichgültigkeit der Umgebungen
zugrunde gerichtet werden.

Karl Leberecht Immermann

Sage mir, wer dich lobt, und ich sage dir, worin deine
Fehler bestehen.

Lenin

Bloß Lob allein nützt einem nicht viel; da muß noch
etwas Solideres hinzukommen.

Molière

Gesetze verraten nicht das, was ein Volk ist, sondern das,
was ihm fremd erscheint.

Friedrich Nietzsche

Man lobt oder tadelt je nach der Gelegenheit, seine
Urteilskraft leuchten zu lassen.

Friedrich Nietzsche

Nicht nur Lob, auch Tadel zur Unzeit bringt Schaden.

Plutarch

Anerkennende Worte sind eine beliebte Einleitung für
anschließenden Tadel.

Lothar Schmidt

Lob ist eine Bringschuld.

Lothar Schmidt

Am besten aber wirst du den Charakter eines Menschen
kennenlernen, wenn du beobachtest, wie er jemanden lobt
und wie er sich verhält, wenn er selbst gelobt wird.

Seneca

Fürchtet Lob mehr als Tadel! Einer, der euch tadelt, hat,
sicherlich mehr Ursache dazu, als einer, der euch lobt.

Niccolò Tommaseo

Alltag wird nur erträglich durch das Nicht-Alltägliche.

Gerhard Uhlenbruck

Es ist ein Zeichen von Mittelmäßigkeit, nur mäßig
zu loben.

Vauvenargues

Logik

Logik: die Kunst, in strenger Übereinstimmung mit den
Grenzen und Schwächen des menschlichen Unverstandes
zu denken und zu schlußfolgern.

Ambrose Bierce

Logik ist die Waffenkammer der Vernunft.

Thomas Fuller

Moral ist ein Maulkorb für den Willen, Logik ein
Steigriemen für den Geist.

Franz Grillparzer

Logik ist für die Grammatik das, was der Sinn für die
Worte ist.

Joseph Joubert

Logik ist das Vergnügen des vermiedenen Irrtums.

Helmar Nahr

Auf eine voreilige Schlußfolgerung fällt nur herein,
wer zu wenig Fakten ausgegraben hat.

Lothar Schmidt

Es gibt Menschen, die sind so tugendhaft, daß sie vor
nackten Tatsachen die Augen schließen.

Lothar Schmidt

Pathos stellt sich ein, wo die Logik unbequem wird.

Lothar Schmidt

Lügen

Es wird niemals so viel gelogen wie vor der Wahl,
während des Krieges und nach der Jagd.

Otto von Bismarck

Lüge: terminologische Ungenauigkeit.

Sir Winston Churchill

Die Lüge ist ein Mittelding zwischen Sein und
Nichtsein.

Christian Friedrich Hebbel

Die Lüge ist der eigentlich faule Fleck in der
menschlichen Natur.

Immanuel Kant

Die Lüge ist die Poesie, die nicht aus der Mode kommt.

Paul Martin Möller

So, wie es außer Menschen auch noch Leute gibt, so gibt es außer den Lügen auch noch Unwahrheiten und Ansichten.

Werner Mitsch

Lügengebäude bestehen aus Vorwänden.

Rupert Schützbach

So ehrlich kann ein Mensch gar nicht sein, daß er sich nicht selbst belügt.

Rupert Schützbach

Die Lüge ist manchmal die Beleuchtung der Wahrheit.

Sprichwort aus Japan

Ein Irrtum ist die unabsichtlich nicht erkannte Wahrheit, eine Lüge, die absichtlich nicht erkannte Wahrheit.

Gerhard Uhlenbruck

Macht

Macht korrumpiert. Absolute Macht korrumpiert absolut.

Lord John E. Acton

Wer den Daumen auf dem Beutel hat, hat die Macht.

Otto von Bismarck

Laß nicht deinen Willen brüllen, wenn deine Macht nur flüstern kann.

Thomas Fuller

Macht: ein Vermögen, welches großen Hindernissen überlegen ist. Eben dieselbe heißt Gewalt, wenn sie auch dem Widerstande dessen, was selbst Macht besitzt, überlegen ist.

Immanuel Kant

An der Macht ist der Mensch so gern alleine.

Ron Kritzfeld

Die politische Gewalt im eigentlichen Sinne ist die
organisierte Gewalt einer Klasse zur Unterdrückung
einer andern.

Karl Marx

Alles Geschehen aus Absichten ist reduzierbar auf die
Absicht der Mehrung der Macht.

Friedrich Nietzsche

Die Macht ist die Königin der Welt, und nicht die Meinung
der Leute. Aber die Meinung ist es, die die Macht ge-
braucht. Und es ist die Macht, welche die Meinung macht.

Blaise Pascal

Die guten Mächte sagen: Ich will schaffen und sein;
die bösen sagen: Ich will haben und scheinen.

Walther Rathenau

Macht hat der Mensch in dem Maße als er für befähigt gilt,
anderen nützen oder schaden zu können.

Lothar Schmidt

Personenkult ist Machtkult. Schwindet die Macht,
hört der Personenkult auf.

Lothar Schmidt

Macht macht Spiegel blind.

Norbert Stoffel

Kein Abschied auf der Welt fällt schwerer als jener
von der Macht.

Charles Maurice Duc de Talleyrand

Macht macht Angst, Angst macht Ohnmacht.

Gerhard Uhlenbruck

Macht bedeutet jede Chance, innerhalb einer sozialen
Beziehung den eigenen Willen auch gegen Widerstreben
durchzusetzen, gleichviel worauf diese Chance beruht.

Max Weber

Management

Wahre Manager haben für jedes Problem eine Lösung;
richtige Juristen für jede Lösung ein Problem.

Jean Paul

Der Manager ist die Krone der Erschöpfung.

Werner Mitsch

Die Bilanz ist das Jahreszeugnis des Managers.

Helmar Nahr

Manager sind auf ihren Terminkalender so stolz,
als wäre er ihr Gedächtnis.

Rupert Schützbach

Die sogenannte Managerkrankheit kommt dadurch
zustande, daß Manager vergessen, ihre eigene
Gesundheit zu managen.

Gerhard Uhlenbruck

Maschine

Der Mensch ist manipulierbar wie eine Maschine; aber
wenn er gedemütigt wird, ist er irreparabel.

Ernst R. Hauschka

Eine Maschine kann die Arbeit von fünfzig gewöhnlichen
Menschen leisten, aber sie kann nicht einen einzigen
außergewöhnlichen ersetzen.

Elbert G. Hubbard

Das Modell ist eine geistige Maschine.

Helmar Nahr

Was die Maschine so wohltuend vom Menschen
unterscheidet, ist nicht so sehr größere Zuverlässigkeit
als vielmehr geringere Böswilligkeit.

Lothar Schmidt

Die Maschine ist die souveräne Beherrscherin unseres
gegenwärtigen Lebens.

Arthur Schopenhauer

Meinung

Wenn zwei Menschen immer die gleiche Meinung
haben, taugen beide nichts.

Konrad Adenauer

Gegner glauben uns zu widerlegen, wenn sie ihre
Meinung wiederholen und auf die unsrige nicht achten.

Johann Wolfgang von Goethe

Wer dem Pluralismus zustimmt, der muß wissen, wodurch
sich seine Meinung von der Meinung anderer abhebt.

Ernst R. Hauschka

Seine Meinung zu ändern erfordert manchmal mehr Mut,
als bei seiner Ansicht zu verharren.

Christian Friedrich Hebbel

Der Durchschnittsmensch glaubt zunächst etwas, und dann
sucht er nach einem Beweis, um seine Meinung zu stützen.

Elbert G. Hubbard

Eine irrige Meinung kann da geduldet werden, wo die
Vernunft frei ist, sie zu bekämpfen.

Thomas Jefferson

Meinen ist ein mit Bewußtsein sowohl subjektiv als auch objektiv unzureichendes Fürwahrhalten.

Immanuel Kant

Nichts kann mehr zu einer Seelenruhe beitragen, als wenn man gar keine Meinung hat.

Gotthold Ephraim Lessing

Eine goldene Regel: man muß die Menschen nicht nach ihren Meinungen beurteilen, sondern nach dem, was diese Meinungen aus ihnen machen.

Georg Christoph Lichtenberg

Neue Meinungen sind immer verdächtig; und sie werden gewöhnlich aus keinem anderen Grunde bekämpft, außer dem, daß sie nicht schon allgemein bekannt sind.

John Locke

Nur die Narren und die Toten ändern niemals ihre Meinung.

James Russell Lowell

Die Meinung im guten Menschen ist nichts anderes als Wissen im Werden.

John Milton

Sage mir deine Meinung und ich sage Dir, wer für Dich denkt.

Werner Mitsch

Aus den Leidenschaften werden Meinungen, die Trägheit des Geistes läßt diese zu Überzeugungen erstarren.

Friedrich Nietzsche

Unsere Meinungen: die Haut, in der wir gesehen werden wollen.

Friedrich Nietzsche

Die eigene Meinung überschätzt sich oft,
die öffentliche Meinung wird oft überschätzt.

Lothar Schmidt

Die eigene Meinung wird gewöhnlich um so
hartnäckiger verteidigt, je weniger sie sich um
Tatsachen kümmert.

Lothar Schmidt

Gefühle ändern eine Meinung rascher als Tatsachen.

Lothar Schmidt

Was kaum einer Veränderung unterliegt, ist die gute
Meinung, die wir von uns selber haben.

Lothar Schmidt

Die Meinungen einer Frau sind nichts als die Folge
ihrer Gefühle.

Marie Rabutin-Chantal de Sévigné

Meinungen sind wie Nägel. Je mehr du auf sie
einschlägst, desto tiefer dringen sie ein.

Sprichwort aus China

Mensch

Der Mensch ist ein Intellekt, der von Organen bedient wird.

Louis Gabriel Ambroise de Bonald

Der Mensch ist das einzige Tier, das freundschaftlichen
Verkehr mit seinen Opfern pflegen kann, bis es sie
verspeist.

Samuel Butler der Jüngere

Was der Mensch sei, sagt ihm nur die Geschichte.

Wilhelm Dilthey

Merkmal großer Menschen ist, daß sie an andere weit
geringere Anforderungen stellen als an sich selbst.

Marie von Ebner-Eschenbach

Der wahre Wert eines Menschen ist in erster Linie
dadurch bestimmt, in welchem Grade und in welchem
Sinne er zur Befreiung vom Ich gelangt ist.

Albert Einstein

Der Mensch ist, was er ißt.

Ludwig Andreas Feuerbach

Von allen Definitionen über den Menschen ist die am
schlechtesten, die ihn als vernunftbegabtes Tier bezeichnet.

Anatole France

Der Mensch: das erste Gespräch, das die Natur mit
Gott hat.

Johann Wolfgang von Goethe

Nicht allein das Angeborene, sondern auch das
Erworbene ist der Mensch.

Johann Wolfgang von Goethe

Der Mensch ist ein Tier; er ist ein Tier höherer Gattung,
welches sich von den anderen Tieren dadurch unterscheidet, daß es sich von ihnen unterscheidet.

Hugo Grotius

Der Mensch ist ein Blinder, der vom Sehen träumt.

Christian Friedrich Hebbel

Große Menschen sind die Inhaltsverzeichnisse der
Menschheit.

Christian Friedrich Hebbel

Wir Menschen sind diejenigen Punkte der Natur, worin sie
sich zusammenfaßt. Vielleicht auch die Adern der Natur.

Christian Friedrich Hebbel

Der Mensch ist ein atmendes Gesetz.

Peter Hille

Der Mensch ist ein strebendes Geschöpf; er empfindet in
der Zeit, die nie stillsteht, keinen eigentlichen Moment.

Friedrich Heinrich Jacobi

Der Mensch ist immer mehr, als er von sich weiß.
Er ist nicht, was er ein für allemal ist, sondern er ist Weg.

Karl Jaspers

Der Mensch ist das einzige Tier, das arbeiten muß.

Immanuel Kant

Die höchste Aufgabe des Menschen ist zu wissen,
was einer sein muß, um ein Mensch zu sein.

Immanuel Kant

Der Mensch ist das Modell der Welt.

Leonardo da Vinci

Der Mensch ist im wörtlichsten Sinne ein zoon politikon,
nicht nur ein geselliges Tier, sondern auch ein Tier, das nur
in der Gesellschaft sich vereinzeln kann.

Karl Marx

Was ist der Mensch? Die Tragödie Gottes.

Christian Morgenstern

Zwei Hebel bewegen die Menschen: Eigennutz
und Furcht.

Napoleon I.

Der Mensch ist eine Analogienquelle für das Weltall.

Novalis

Die Mitte verlassen, heißt, die Menschlichkeit
verlassen.

Blaise Pascal

Endlich weiß ich, was den Menschen vom Tier
unterscheidet: er sorgt sich um Geld.

Jules Renard

Der Mensch ist eine oben und unten mit einer Öffnung
versehene Röhre.

Johannes Scherr

Der Mensch hat keinen anderen Wert als seine
Wirkungen.

Friedrich von Schiller

Mensch: das Wesen, welches will.

Friedrich von Schiller

Der Mensch ist ein schaffender Rückblick der Natur auf
sich selbst.

Friedrich von Schlegel

Der Mensch ist, was er ist, aber er ist nicht,
was er gewesen ist.

Sprichwort der Juden

Der Mensch ist ein Geschöpf, das nicht vom Brot allein
lebt, sondern hauptsächlich von Schlagworten.

Robert Louis Balfour Stevenson

Der Mensch ist das einzige Tier, das erröten kann
- oder muß.

Mark Twain

Der Mensch ist das Lebewesen, das die Zeit totschlägt,
bis sie sich revanchiert.

Unbekannt

Der Mensch ist sich selbst ein Wunder; er kann weder über
sich herrschen, noch kennt er sich.

Benjamin Whichcote

Menschenführung

Machen Sie sich erst einmal unbeliebt, dann werden Sie
auch ernstgenommen.

Konrad Adenauer

Nur geborene Herren sind gute Herren.
Weh dem Diener gewesener Diener!

Marie von Ebner-Eschenbach

Die meisten Menschen sind Rekonvaleszenten ihrer
schlimmen Erfahrungen.

Ernst R. Hauschka

Ein gutes Beispiel ist die beste Predigt.

Benjamin Franklin

Behandelt die Menschen so, als ob sie schon so wären,
wie ihr sie haben wollt -, es ist der einzige Weg, sie dazu
zu machen.

Johann Wolfgang von Goethe

Wenn du einen Menschen glücklich machen willst, dann
füge nichts seinen Reichtümern hinzu, sondern nimm ihm
einige von seinen Wünschen.

Epikur von Samos

Menschenführung heißt, gegenseitigen Haß in
gemeinsame Schlagkraft verwandeln.

Helmar Nahr

Die zunehmende „Vermenschlichung" besteht darin,
daß immer feiner empfunden wird, wie schwer der andere
einzuverleiben ist.

Friedrich Nietzsche

Die Welt ist voll brauchbarer Menschen, aber leer
an Leuten, die den brauchbaren Mann anstellen.

Johann Heinrich Pestalozzi

Eine Eins, die eine Million werden will, ist auf die Nullen
angewiesen.

Lothar Schmidt

Politiker beschreiben mitunter Luftschlösser so deutlich,
daß ihre Anhänger sie nach der Beschreibung zu bauen
suchen.

Lothar Schmidt

Politischer Führer ist oft einer, der sich nicht sicher ist,
ob er seine Anhängerschaft führt oder ob sie ihn jagt.

Lothar Schmidt

Menschenkenntnis

Um die Menschen klug zu machen, muß man klug sein;
sie dumm zu machen, muß man dumm scheinen.

Ludwig Börne

Die Leute, denen man nie widerspricht, sind entweder die,
welche man am meisten liebt, oder die, welche man am
geringsten achtet.

Marie von Ebner-Eschenbach

Der Mensch ist manipulierbar wie eine Maschine; aber
wenn er gedemütigt wird, ist er irreparabel.

Ernst R. Hauschka

Wer die Menschen kennenlernen will, der studiere ihre
Entschuldigungsgründe.

Christian Friedrich Hebbel

Die Menschen sind keineswegs böse, sondern nur ihren
Interessen unterworfen.

Claude-Adrien Helvétius

Alle Menschen sind einander ähnlich, und alle sind auch
wieder voneinander verschieden. Das macht vor allem die
Gerechtigkeit so schwierig.

Robert Muthmann

Mißerfolg

Der Mißerfolg ist eine Majestätsbeleidigung für die
Gesellschaft.

Honoré de Balzac

Unermüdliche Streber dürfen kein Gedächtnis haben für
die Mißerfolge von gestern.

Marie von Ebner-Eschenbach

Der Weg zum Mißerfolg ist mit Erfolgserlebnissen
gepflastert.

Helmar Nahr

Ich kenne keinen sicheren Weg zum Erfolg, nur einen zum
sicheren Mißerfolg - es jedem recht machen zu wollen.

Platon

Moral

Eine moralische Ohrfeige ist die heftige Berührung des
seelischen Gesichts, ohne Benützung der Hand, mit
Hinterlassung geistiger Spuren, zu Beleidigungszwecken.

Aus den „Fliegenden Blättern"

Die Moral ist vielleicht nichts anderes als eine Form
äußerster Bosheit.

Henri François Becque

Die Moral ist nichts als die Regulierung des Egoismus.

Jeremy Bentham

Moralisch ungläubig ist der, welcher nicht dasjenige
annimmt, was zu wissen zwar unmöglich, aber
vorauszusetzen moralisch notwendig ist.

Immanuel Kant

Moral ist die erhabene Quelle der verpaßten
Gelegenheiten.

Helmar Nahr

Die Intoleranz der Moral ist ein Ausdruck von der
Schwäche des Menschen.

Friedrich Nietzsche

Das, was man „laxe Moral" nennt, ist dann und wann nur
eine behagliche, gutmütige Teilnahme an der Komödie auf
der Bühne der Menschheit.

Wilhelm Raabe

Es gibt nur eine Moral, wie es nur eine Geometrie gibt; das
sind Worte, denen der Plural fehlt. Die Moral, als Tochter
der Gerechtigkeit und des Gewissens, ist Universalreligion.

Antoine de Rivarol

Moralische Entrüstung ist unterdrückter Neid.

Unbekannt

Unter Moral verstehe ich das reelle Produkt zweier
imaginärer Größen. Die imaginären Größen sind Sollen
und Wollen.

Frank Wedekind

Moralität ist eine Pose: wir wenden sie gegen Leute an,
die uns unangenehm sind.

Oscar Wilde

Motiv

Das Motiv einer guten Handlung ist manchmal nichts
anderes als zur rechten Zeit eingetretene Reue.

Marie von Ebner-Eschenbach

Mißtraue deinem Urteil, sobald du darin den Schatten eines
persönlichen Motivs entdecken kannst.

Marie von Ebner-Eschenbach

Das Motiv aller Umgangsformen ist die Rücksicht
auf andere.

Rudolf von Ihering

Das Vermögen, die Motive des Wollens schlechthin selbst
hervorzubringen, ist die Freiheit.

Immanuel Kant

Es gibt zwei Motive der menschlichen Handlungen:
Eigennutz und Furcht.

Napoleon I.

Es gibt bei jeder Handlung erstens das wirkliche Motiv,
das verschwiegen wird, zweitens, das präsentable,
eingeständliche Motiv.

Friedrich Nietzsche

Bei allen Dingen liegt der letzte Maßstab für die
Beurteilung nicht in den Handlungen selbst, sondern
in den Motiven und Absichten der Handelnden.

Polybios

Wieviel besser wäre es um uns bestellt, ließe sich
Motivation ebenso leicht erregen wie Neid.

Lothar Schmidt

Die Erkenntnis ist das Medium des Motivs.

Arthur Schopenhauer

Musik

Die Musik gibt Stimmungen und Situationen über alles
greifbare und sichtbare Dasein hinaus und läßt uns wach
träumen.

Berthold Auerbach

Die Musik drückt das aus, was nicht gesagt werden kann
und worüber zu schweigen unmöglich ist.

Victor Hugo

Die Musik ist das Geräusch, das denkt.

Victor Hugo

Es gibt gewisse Dinge, in denen Mittelmäßigkeit
unerträglich ist - Poesie, Musik, Malerei und
öffentliche Rede.

Jean de La Bruyère

Musik ist die universelle Sprache der Menschheit.

Henry Wadsworth Longfellow

Ohne Musik wäre das Leben ein Irrtum.

Friedrich Nietzsche

Musik und Politik sind jene weit verbreiteten Künste, die
den Menschen anfeuern oder besänftigen.

Lothar Schmidt

Musik ist disziplinierter Lärm.

Unbekannt

Der Gesang ist die in höchster Leidenschaft erregte Rede:
die Musik ist die Sprache der Leidenschaft.

Richard Wagner

Die Tonsprache ist Anfang und Ende der Wortsprache, wie
das Gefühl Anfang und Ende des Verstandes, der Mythos
Anfang und Ende der Geschichte, die Lyrik Anfang und
Ende der Dichtkunst ist.

Richard Wagner

Die Musik ist der vollkommenste Typus der Kunst:
sie verrät nie ihr letztes Geheimnis.

Oscar Wilde

Naturwissenschaft

Die Naturwissenschaft gibt den besten Maßstab für die
Fortschritte der Menschheit ab: nur so weit sie die Natur
kennt, kennt sie sich selbst.

Christian Friedrich Hebbel

Unsere Naturwissenschaft geht auf den Untergang, im
Ziele der Erkenntnis hin.

Friedrich Nietzsche

Das Endziel der Naturwissenschaft ist, die allen Ver-
änderungen zugrunde liegenden Bewegungen und deren
Triebkräfte zu finden, also sich in Mechanik aufzulösen.

Hermann Ludwig Ferdinand von Helmholtz

Neugierde

Neugier ist Entzücken.

Walter Charleton

Es gibt zweierlei Arten von Neugier: die eine aus Eigennutz, die uns antreibt zu erfahren, was uns vielleicht nützen
kann; die andere aus Stolz, die dem Trieb entspringt, zu
wissen, was andere nicht wissen.

La Rochefoucauld

Neugierde ist auch eine Form der Selbstbestätigung.

Gerhard Uhlenbruck

Öffentliche Meinung

Wenn die Leute keinen anderen Tyrannen haben,
so wird es die öffentliche Meinung.

Earl Edward George Bulwer-Lytton

Die öffentliche Meinung ist eine Gerichtsbarkeit, die
ein vernünftiger Mensch nie anerkennen, aber auch nie
ganz ablehnen soll.

Nicolas Chamfort

Starke Geister reißen dumme Köpfe mit sich.

Friedrich Nietzsche

Die Welt wird durch Gewalt beherrscht, nicht durch
Meinung; aber Meinung verwendet Gewalt.

Blaise Pascal

England hat etwas vollbracht; es hat die öffentliche
Meinung erfunden und eingesetzt, was einen Versuch
bedeutet, die Unwissenheit der Masse zu organisieren und
ihr den hohen Rang der körperlichen Gewalt zu verleihen.

Oscar Wilde

Ohnmacht

Das Böse hat wirklich keine andere Macht als die
Ohnmacht des Guten.

Gertrud von Le Fort

Mauern stehen entweder für die Ohnmacht der
Schwachen oder für die Furcht der Mächtigen.

Ron Kritzfeld

Zorn mit Ohnmacht wird verspottet.

Magnus Gottfried Lichtwer

In dem Glauben an die Ideale ist alle Macht wie alle
Ohnmacht der Demokratie begründet.

Theodor Mommsen

Ohnmächtige handeln - und sind immer im Unrecht.

Lothar Schmidt

Macht macht Angst, Angst macht Ohnmacht.

Gerhard Uhlenbruck

Opportunist

Was ist ein Opportunist? Es ist ein Mann, der die günstigste
Gelegenheit benutzt, um das durchzuführen, was er für
nützlich und zweckmäßig hält; und das ist ja eben die
Aufgabe der ganzen Diplomatie.

Otto von Bismarck

Opportunist: Jenachdemer.

Wilhelm Busch

Opportunisten: Wissen nicht nur, woher der Wind weht, sondern auch, wer ihn macht.

Ron Kritzfeld

Der wahre Opportunist weiß auch, wann er eine Gelegenheit nicht beim Schopfe fassen darf.

Lothar Schmidt

Opportunisten sind Prinzipienreiter, die leicht umsatteln.

Lothar Schmidt

Organisation

Jede Organisation ist ein Transformator: aus billigen Ansprüchen der Mitglieder werden die teuren Wünsche der Funktionäre.

Helmar Nahr

Organisation besteht darin, weder den Dingen ihren Lauf, noch den Menschen ihren Willen lassen.

Helmar Nahr

Organisieren heißt, gegen den Lauf der Dinge ankämpfen.

Helmar Nahr

Originalität

Vollkommene Aufrichtigkeit ist der Weg zur Originalität.

Charles Pierre Baudelaire

Originalität ist, etwas ganz Allgemeines zu produzieren.

Georg Wilhelm Friedrich Hegel

Was ist Originalität? Etwas sehen, das noch keinen Namen
trägt, noch nicht genannt werden kann, ob es gleich vor
aller Augen liegt. Wie die Menschen gewöhnlich sind,
macht ihnen erst der Name ein Ding überhaupt sichtbar.

Friedrich Nietzsche

Pädagogik

Die Pädagogik ist die Probe auf die Ethik.

Friedrich Ernst Daniel Schleiermacher

Die Pädagogik ist die Kunst, die Menschen sittlich
zu machen.

Georg Wilhelm Friedrich Hegel

Ein Hauptzug aller Pädagogik: unbemerkt führen.

Christian Morgenstern

Persönlichkeit

Persönlichkeiten werden nicht durch schöne Reden
geformt, sondern durch Arbeit und eigene Leistung.

Albert Einstein

Die Person muß sich eine äußere Sphäre ihrer Freiheit
geben, um als Idee zu sein.

Georg Wilhelm Friedrich Hegel

Eine Persönlichkeit ist leicht zu erkennen.
Sie ähnelt uns auffallend.

Lothar Schmidt

Persönlichkeit heißt Anerkanntsein.

Lothar Schmidt

Nicht in dem, was man besitzt, in dem, was man ist,
äußert sich die Persönlichkeit.

Oscar Wilde

Pflicht

Ich habe den Wunsch, daß später einmal, wenn die
Menschen über den Nebel und Staub dieser Zeit hinweg-
sehen, von mir gesagt werden kann, daß ich meine Pflicht
getan habe.

Konrad Adenauer

Pflicht: das, was uns unerbittlich auf den Weg unserer
Wünsche dem Vorteil entgegentreibt.

Ambrose Bierce

Die bedauernswürdigsten Menschen sind die
Gewissenhaften, denen das Leben unerfüllbare
Pflichten aufgebürdet hat.

Marie von Ebner-Eschenbach

Was aber ist deine Pflicht? Die Forderung des Tages.

Johann Wolfgang von Goethe

Wenn man von den Leuten Pflichten fordert und
ihnen keine Rechte zugestehen will, muß man sie gut
bezahlen.

Johann Wolfgang von Goethe

Die Pflicht gegen sich selbst besteht darin, daß der
Mensch die Würde der Menschheit in seiner eigenen
Person bewahre.

Immanuel Kant

Pflicht ist eine Handlung, die schlechthin geboten, d.i.
durch die Vernunft unbedingt notwendig gemacht wird.

Immanuel Kant

Die Rechte, die ein Mensch sich nimmt, stehen im
Verhältnis zu den Pflichten, die er sich stellt.

Friedrich Nietzsche

Unsere Pflichten, das sind die Rechte anderer auf uns.

Friedrich Nietzsche

Zeichen der Vornehmheit: nie daran denken, unsere
Pflichten zu Pflichten für jedermann herabzusetzen.

Friedrich Nietzsche

Die Pflicht ruft, die Versuchung wispert.

Lothar Schmidt

Pflicht ist, was man von anderen verlangt, nicht was man
selbst tut.

Oscar Wilde

Philosophie

Philosophie: unverständliche Antworten auf
unlösbare Probleme.

Henry Brooks Adams

Was ist Philosophie? Die systematische Verdrehung einer
eigens zu diesem Zweck erfundenen Terminologie

Aus den „Fliegenden Blättern"

Philosophen sind die Diener der Nachwelt.

Francis Bacon

Philosophie ist der gesunde Menschenverstand des
nächsten Jahrhunderts.

Henry Ward Beecher

Alle sind Irre; aber wer seinen Wahn zu analysieren
versteht, wird Philosoph genannt.

Ambrose Bierce

Philosophie: ein Kreuzungspunkt vieler Straßen, die von
nirgendwoher nach nirgendwohin führen.

Ambrose Bierce

Wahrheit ist der Gegenstand der Philosophie, aber nicht
immer der Philosophen.

John Churton Collins

Der erste Schritt zur Philosophie ist der Unglaube.

Denis Diderot

Unsere bisherigen Philosophen sind nichts als
mediatisierte, durch den abstrakten Begriff vermittelte
Theologen.

Ludwig Andreas Feuerbach

Was für eine Philosophie man wähle, hängt davon ab, was
man für ein Mensch ist; denn ein philosophisches System
ist beseelt durch die Seele des Menschen, der es hat.

Johann Gottlieb Fichte

Der Philosoph ist ein Mensch, der nicht glauben will,
was er sieht, weil er zu sehr damit beschäftigt ist,
darüber nachzudenken, was er nicht sieht.

Bernard Le Bovier de Fontenelle

Die Philosophie geht nur bis zur Wahrscheinlichkeit, und
jede Behauptung hält einen Zweifel in Reserve.

James Anthony Froude

Ein bescheidenes Eingeständnis der Unwissenheit ist die
reifste und letzte Errungenschaft der Philosophie.

Roswell Dwight Hitchcock

Der Philosoph ist einer, der denkt, um zu glauben;
einer, der seine Vorurteile klarlegt und seine Unwissenheit
in ein System bringt.

Elbert G. Hubbard

Das Geschäft der Philosophie ist das Aussondern und
systematische Zusammenstellen dessen, was sich von
selbst versteht und wodurch alles andere muß verstanden
werden.

Friedrich Heinrich Jacobi

Philosophie ist das denkende Vergewissern
eigentlichen Seins.

Karl Jaspers

Philosophieren: Das Erste ist der Mensch, der doch mit
sich selbst als dem Sein sich niemals abfinden kann,
sondern über sich hinausdrängt.

Karl Jaspers

Philosophie ist die Idee einer vollkommenen Weisheit, die
uns die letzten Zwecke der menschlichen Vernunft zeigt.

Immanuel Kant

Mit jedem Schritt, den die Philosophie nach vorn tut, streift
sie eine Haut ab, und mit dieser kleiden sich die Narren.

Sören Aabye Kierkegaard

Die Philosophie triumphiert leicht über vergangenes und
zukünftiges Leiden, aber gegenwärtiges Leiden triumphiert
über die Philosophie.

La Rochefoucauld

Was bin ich? Was soll ich tun? Was kann ich glauben und
hoffen? Hierauf reduziert sich alles in der Philosophie.

Georg Christoph Lichtenberg

Die Philosophen haben die Welt nur verschieden
interpretiert, es kommt aber darauf an, sie zu verändern.

Karl Marx

Philosophieren ist zweifeln.

Michel de Montaigne

Die Philosophie ist ein Spezialfall, der sich für den
allgemeinen hält.

Helmar Nahr

Die Aufgabe der wahren Philosophen ist es, auf die
Verbesserung der als veränderlich erkannten Seite der
Welt loszugehen.

Friedrich Nietzsche

Die Philosophie ist eine Art Rache an der Wirklichkeit.

Friedrich Nietzsche

Das Maximum eines Philosophen: wenn er alle
Philosophien in eine einzige Philosophie vereinigt.

Novalis

Philosophie ist Geschichte der Philosophie, d.h.
Geschichte der fehlgeschlagenen Versuche, die Probleme
der Philosophie zu lösen.

Paul Rée

Auch die Philosophie hat ihre Blüten. Das sind die
Gedanken, von denen man nicht immer weiß, ob man sie
schön oder witzig nennen soll.

Friedrich von Schlegel

Philosophieren heißt die Allwissenheit
gemeinschaftlich suchen.

Friedrich von Schlegel

Philosophisch ist alles, was zur Realisierung des logischen
Ideals beiträgt und wissenschaftliche Bildung hat.

Friedrich von Schlegel

Das ganze Wesen der Welt abstrakt, allgemein und deutlich
in Begriffen zu wiederholen und so als reflektiertes Abbild
in bleibenden und stets bereitliegenden Begriffen der
Vernunft niederzulegen: dieses und nichts anderes ist die
Philosophie.

Arthur Schopenhauer

Plan

Pläne sind die Träume des Verständigen.

Ernst Freiherr von Feuchtersleben

Solange man Pläne schmiedet, gehört man nicht zum
alten Eisen.

Werner Mitsch

Planen heißt, das Notwendige ermöglichen.

Helmar Nahr

Pläne machen und Vorsätze fassen bringt viel gute
Empfindungen mit sich.

Friedrich Nietzsche

Praxis

Die Praxis ist das Haarfärbemittel für die graue Theorie.

Aus den „Fliegenden Blättern"

Theorie und Praxis sind eins wie Seele und Leib, und wie
Seele und Leib liegen sie großenteils miteinander im Streit.

Marie von Ebner-Eschenbach

Praxis ist die heiligste Form der Theorie.

Lothar Schmidt

Prestige

Prestige ist etwas furchtbar Lästiges, etwas, an dem man
schwer zu tragen hat und das man leicht satt wird.

Otto von Bismarck

Es gibt keine Autorität ohne Prestige. Es gibt kein
Prestige ohne Mysterium.

Charles de Gaulle

Was gelten soll, muß wirken und muß dienen.

Johann Wolfgang von Goethe

Probleme

Jede Lösung eines Problems ist ein neues Problem.

Johann Wolfgang von Goethe

Es ist besser, ein Problem zu erörtern, ohne es zu entscheiden, als es zu entscheiden, ohne es erörtert zu haben.

Joseph Joubert

Das größte Problem heute ist: wir haben einen
Überschuß an einfachen Fragen und einen Mangel
an einfachen Antworten.

Lothar Schmidt

Probleme entstehen, wenn Arbeiter nicht denken
oder Denker nicht arbeiten.

Lothar Schmidt

Ungelöste Probleme werden von den Wirtschaftspolitikern
subventioniert.

Lothar Schmidt

Probleme sollte man nicht auf Eis legen. Sie halten
sich da zu lange.

Norbert Stoffel

Qualität

Die sicherste Grundlage einer Produktion ist die Qualität.
Danach - und eine große Strecke weiter - kommen die
Produktionskosten.

Andrew Carnegie

Der Qualität nach ist das Schöne der Gegenstand eines
reinen uninteressierten Wohlgefallens.

Immanuel Kant

Qualität ist Zweckeignung.

Helmar Nahr

„Ähnliche Qualitäten" sollten wir sagen statt „gleich".

Friedrich Nietzsche

Die Kraft steckt in der Qualität.

Friedrich Nietzsche

Qualität ist die Höflichkeit des Produzenten.

Lothar Schmidt

Qualität ist Wert, der sich bezahlt macht.

Lothar Schmidt

Quantität läßt sich zählen. Qualität zählt.

Lothar Schmidt

Recht

Der größte Feind des Rechts ist das Vorrecht.

Marie von Ebner-Eschenbach

Die Idee des Rechts ist die Freiheit.

Georg Wilhelm Friedrich Hegel

Der Bildungsprozeß des Rechts ist keine Sache der bloßen
Erkenntnis wie bei der Wahrheit, sondern Sache des
Kampfes der Interessen.

Rudolf von Ihering

Das Recht ist Inbegriff der Bedingungen, unter denen die
Willkür des einen mit der Willkür des anderen nach einem
allgemeinen Gesetz der Freiheit in Einklang gebracht
werden kann.

Immanuel Kant

Meine Rechte: das ist jener Teil meiner Macht, in
welchem die anderen mich erhalten wollen.

Friedrich Nietzsche

Recht ist das, wogegen die öffentliche Meinung keinen
nachhaltigen Widerspruch erhebt.

Lothar Schmidt

Recht: Zwangsregeln, welche die Öffentlichkeit verlangt,
respektiert, in Kauf nimmt, duldet oder erträgt.

Lothar Schmidt

Das Recht hat die merkwürdige Eigenschaft, daß man es
behalten kann, ohne es zu haben.

Joseph Unger

Respekt

Respekt zu bezeugen ist heutzutage fast ebenso schwer wie
Respekt zu verdienen.

Joseph Joubert

Es ist wertvoller, stets den Respekt der Menschen als
gelegentlich ihre Bewunderung zu haben.

Jean-Jacques Rousseau

Respekt, den sie Vorgesetzten entgegenbringen,
übertreiben manche Leute so weit, daß sie keinen
mehr vor sich selber haben.

Lothar Schmidt

Richter

Ein König, welcher heute einem Richter eine
Ungerechtigkeit befiehlt, kann ihn morgen dafür vor
Gericht stellen, daß er ihm Gehorsam erwiesen hat.

Anselm Feuerbach

Vier Eigenschaften gehören zu einem Richter: höflich
anzuhören, weise zu antworten, vernünftig zu erwägen
und unparteiisch zu entscheiden.

Sokrates

Der Richter ist das sprechende Gesetz.

Benjamin Whichcote

Risiko

Risiko ist das Salz des Lebens.

Graffito

Nichts geschieht ohne Risiko, aber ohne Risiko
geschieht auch nichts.

Walter Scheel

Es gibt kein Null-Risiko. Wer nie ein Risiko eingehen will,
geht oft das größte Risiko ein.

Lothar Schmidt

Wer zum Risiko bereit ist, geht oft sehr weit, um nicht zu
kurz zu kommen.

Lothar Schmidt

Ruhm

Der Ruhm ist wie ein Fluß, der leichte und aufgedunsene
Dinge hochspült, und der schwere und feste Dinge
untergehen läßt.

Francis Bacon

Ruhm: der Vorzug, denen bekannt zu sein, die uns nicht
kennen.

Nicolas Chamfort

Der Ruhm der kleinen Leute heißt Erfolg.

Marie von Ebner-Eschenbach

Ruhm ist der Geist eines Menschen, der im Denken
anderer Menschen weiterlebt.

William Hazlitt

Popularität ist das Kleingeld des Ruhms.

Victor Hugo

Der Ruhm großer Menschen muß stets an den Mitteln
gemessen werden, wodurch sie ihn errangen.

La Rochefoucauld

Ruhm muß erworben werden, Ehre darf nur nicht
verloren gehen.

Arthur Schopenhauer

Schwierigkeiten

Inmitten von Schwierigkeiten liegen günstige
Gelegenheiten.

Albert Einstein

Die Erziehung ist nichts als die Kunst zu lehren, wie
man über eingebildete oder doch leicht besiegbare
Schwierigkeiten hinauskommt.

Johann Wolfgang von Goethe

Das Ich ist ein Staat, der wie jeder andere seine inneren
Schwierigkeiten in äußeren Konflikten abreagieren will.

Ron Kritzfeld

Wer über seine Schwierigkeiten lacht, ist entweder sehr
tapfer oder gut versichert.

Lothar Schmidt

Wer vor Neid grün und gelb wird, hat den richtigen
Reifegrad für Schwierigkeiten erreicht.

Lothar Schmidt

Schwierigkeiten heilt man nicht mit Gewalt und
Kalamitäten, nicht mit Beschlüssen, sondern mit
Klugheit und Vorsicht.

Carl von Spitteler

Selbstbeherrschung

So weit deine Selbstbeherrschung geht, so weit geht
deine Freiheit.

Marie von Ebner-Eschenbach

Das Festhalten und Befolgen der Grundsätze,
den ihnen entgegenwirkenden Motiven zum Trotz,
ist Selbstbeherrschung.

Arthur Schopenhauer

Des Vaters Selbstbeherrschung ist der beste Unterricht
für seine Kinder.

Karl Julius Weber

Selbsterkenntnis

Das wichtigste Resultat aller Bildung ist die
Selbsterkenntnis.

Ernst Freiherr von Feuchtersleben

Wie kann man sich selbst kennenlernen? Durch Betrachten
niemals, wohl aber durch Handeln. Versuche deine Pflicht
zu tun und du weißt gleich, was an dir ist.

Johann Wolfgang von Goethe

Der Anfang der Selbstbesserung ist die
Selbsterkenntnis.

Balthasar Gracián y Morales

Sicheres Zeichen der Selbsterkenntnis: wenn man an sich
mehr Fehler bemerkt als an anderen.

Christian Friedrich Hebbel

Wer sich selbst recht kennt, kann sehr bald alle anderen
Menschen kennenlernen. Es ist alles Zurückstrahlung.

Georg Christoph Lichtenberg

Man muß sich selber kennen: wenn das auch nicht
dazu dient, die Wahrheit zu finden, so dient es doch
wenigstens dazu, sein Leben zu ordnen; und es gibt nichts,
das richtiger wäre.

Blaise Pascal

Es fällt leicht, Fähigkeiten zu verachten, die man
nicht besitzt.

Lothar Schmidt

Kritik ist gut, Selbstkritik besser.

Lothar Schmidt

Wer zu sehr von sich selbst überzeugt ist, sollte öfter einmal den Stellenmarkt im Anzeigenteil einer Zeitung lesen.
Er sieht dann, für wieviele Stellen er nicht qualifiziert ist.

Lothar Schmidt

Die Selbsterkenntnis ist die Bedingung praktischer
Tüchtigkeit.

Sokrates

Selbstvertrauen

Selbstvertrauen ist der Name, den wir dem Egoismus der
Erfolgreichen beilegen.

Elbert G. Hubbard

Die Seele aller gelingenden Tätigkeit ist doch das tiefe
Selbstvertrauen. Mit diesem sinkt alles hin.

Wilhelm von Humboldt

Selbstvertrauen ist die Quelle des Vertrauens zu anderen.

La Rochefoucauld

Zwei Dinge verleihen derr Seele am meisten Kraft:
Vertrauen auf die Wahrheit und Vertrauen auf sich selbst.

Seneca

Souveränität

Wer ist denn der souveräne Mann? Das ist bald gesagt:
Der, den man nicht hindern kann, ob er nach Gutem oder
Bösem jagt.

Johann Wolfgang von Goethe

Souveränität ist Nichtgebundensein an auswärtigen
Befehl.

Hermann Jahrreiß

Der Ursprung jeder Souveränität liegt bei der Nation.
Keine Körperschaft, kein Einzelner kann eine Autorität
ausüben, welche nicht ausdrücklich von ihr übertragen
worden ist.

Marie Joseph de Motier Lafayette

Die Souveränität des Volkes ist ein Scherz, der von jenen
ernstgenommen wird, die nicht davon profitieren.

Jules Petit-Senn

Es gibt zwei Wahrheiten, die sich in dieser Welt niemals
trennen lassen: Die erste Wahrheit ist, daß die Souveränität
beim Volke liegt, und die zweite Wahrheit ist, daß das Volk
die Souveränität niemals ausübt.

Antoine de Rivarol

Das Prinzip staatlichen Lebens liegt in der Souveränität.

Jean-Jacques Rousseau

Die gewachsenen Elemente Europas sind die Nationen.
Die Nation ist nicht überholt. Überholt ist die
uneingeschränkte Souveränität des Nationalstaates.

Walter Scheel

Sprache

Eine Sprache mit Geschick handhaben heißt eine Art
Beschwörungszauber treiben.

Charles Pierre Baudelaire

Der Geist einer Sprache offenbart sich am deutlichsten in
ihren unübersetzlichen Worten.

Marie von Ebner-Eschenbach

Und wie ich's überdenke, 's bleibt eine wunderliche
Sache: Die Sprache ist Gottes Geschenk, Und Gott ein
Geschenk der Sprache.

Eduard von Bauernfeld

Sprache: die Musik, mit der wir die Schlangen
beschwören, die einen fremden Schatz bewachen.

Ambrose Bierce

Sprache: Worte, die zeigen sollen, daß dem, auf den sie
gemünzt sind, die charakterliche Würde fehlt, welche den
auszeichnet, der sie ausspricht.

Ambrose Bierce

Sprache ist versteinerte Poesie.

Ralph Waldo Emerson

Die alten Sprachen sind die Scheiden, darin das Messer des
Geistes steckt.

Johann Wolfgang von Goethe

Die Sprache ist nicht nur die Grundlage des gesamten
Denkvermögens, sondern auch das Zentrum, von dem
die durch sie verursachten Mißverständnisse der
Vernunft ausgehen.

Johann Georg Hamann

Die Sprache ist, wie Raum und Zeit, eine dem
menschlichen Geist notwendige Anschauungsform,
die uns die unsrer Fassungskraft fort und fort sich
entziehenden Objekte dadurch näher bringt, daß sie
sie bricht und zerbricht.

Christian Friedrich Hebbel

Die Sprache ist gleichsam der Leib des Denkens.

Georg Wilhelm Friedrich Hegel

Die Sprache ist gleichsam die äußere Erscheinung
des Geistes der Völker. Man kann sich beide nicht
identisch genug denken.

Wilhelm von Humboldt

Sprachkürze gibt Denkweite.

Jean Paul

Sprachen sind die Stammbäume der Nationen.

Samuel Johnson

Zeichnung ist Sprache für die Augen, Sprache ist
Malerei für das Ohr.

Joseph Joubert

Alle Sprache ist Bezeichnung der Gedanken.

Immanuel Kant

Die Menschen scheinen die Sprache nicht empfangen zu
haben, um die Gedanken zu verbergen, sondern um zu
verbergen, daß sie keine Gedanken haben.

Sören Aabye Kierkegaard

Betonen: Die Absicht, sprachlich zu betonieren.

Ron Kritzfeld

Oft überfällt dich plötzlich eine heftige Verwunderung über
ein Wort: Blitzartig erhellt sich dir die völlige Willkür der
Sprache, in welcher unsere Welt begriffen liegt, und somit
die Willkür dieses unseres Weltbegriffes überhaupt.

Christian Morgenstern

Die Sprache ist äußeres Denken, das Denken ist
innere Sprache.

Antoine de Rivarol

Die Sprache wurde dem Menschen gegeben, um
Gedanken auszudrücken, vorzutäuschen oder zu verbergen.

Lothar Schmidt

Politiker werden nach ihrer Standfestigkeit beurteilt.
Leider. Darum beharren sie auf ihren Irrtümern.

Oscar Wilde

Steuern

Man sollte mehr von den Steuern und weniger von den
Steuerzahlern verlangen.

Alphonse Allais

Die Regierung ist eine Maschine: für die Unzufriedenen
eine „Besteuerungsmaschine", für die Zufriedenen eine
„Maschine zur Sicherung des Eigentums".

Thomas Carlyle

Steuern einheben heißt, die Gans so zu rupfen,
daß man möglichst viele Federn mit möglichst wenig
Gezische bekommt.

Jean Baptiste Colbert

Ihr klagt über die vielen Steuern: unsere Trägheit nimmt
uns zweimal soviel ab, unsere Eitelkeit dreimal soviel und
unsere Tohrheit viermal soviel.

Benjamin Franklin

Steuern müssen sein. Aber bei der Vergnügungssteuer hört
der Spaß auf.

Werner Mitsch

Steuerrückzahlung. Die öffentliche Hand klopft dir auf
die Schulter.

Werner Mitsch

Der Rechnungshof ist der zahnlose Mund, aus dem der
Steuerzahler „au!" schreit.

Helmar Nahr

Steuerhinterziehung. Strafbarer Versuch des
Steuerzahlers, das staatliche Versprechen der Steuer
gerechtigkeit auf privater Basis zu realisieren.

Helmar Nahr

Jedes Jahr müßte ein Wahljahr sein. Im Wahljahr gibt es
keine Steuererhöhungen.

Lothar Schmidt

Steuergerechtigkeit besteht in der Konzentration der
Lasten auf die Bürger, die weder zu viele noch zu laute
Stimmen haben.

Lothar Schmidt

Steuern und Anleihen sind der Kaufpreis für staatliche
Leistungen.

Lothar Schmidt

Stimmung

Stimmungen entstehen oft aus Ursachen, über welche der
Mensch nur wenig Gewalt hat, aber sie nehmen zu und
werden der inneren Gemütsruhe immer verderblicher,
wenn man sich in ihnen gehen läßt.

Wilhelm von Humboldt

Die Stimmungen sind die Kontoauszüge des Gemüts.

Werner Mitsch

Kein Aprilwetter schlägt so rasch um wie die Stimmung
der Menge.

Peter Rosegger

Ziel der Kunst ist, einfach eine Stimmung zu erzeugen.

Oscar Wilde

Studium

Glaube und Gewohnheit bewirken Besseres als
Studium und Grüblerei.

Honoré de Balzac

Die meisten Künste erfordern langes Studium. Aber die
nützlichste von allen Künsten, die Kunst, Menschen eine
Freude zu machen, setzt nichts voraus als den Wunsch.

Lord Philip Dormer Chesterfield

Das Studium ist das Brot der Seele.

Guiseppe Mazzini

Talente

Leicht tun können, was schwierig für andere ist
- das ist Talent;
tun können, was für das Talent unmöglich ist
 - das ist Genie.

Henri-Frédéric Amiel

Was ist Talent? Ruhmvoll offenbar gewordene
Vernunft.

André-Marie de Cheniér

Was die Epoche besitzt, das verkündigen hundert
Talente; aber der Genius bringt ahnend hervor, was ihr
fehlt.

Emanuel Geibel

Talent ist Form, Genie Stoff.

Karl Gutzkow

Talent ist spezifische, Genie allgemeine Befähigung,
welche der Mensch sich nicht nur durch eigene
selbstbewußte Tätigkeit zu geben die Macht hat.

Georg Wilhelm Friedrich Hegel

Talent ist das, was in eines Menschen Macht steht;
Genius - in wessen Macht der Mensch steht.

James Russell Lowell

Tat

Tat heißt eine Handlung, sofern sie unter Gesetzen der
Verbindlichkeit steht.

Immanuel Kant

Gibt es einen Unterschied zwischen Theorie und
Praxis? Es gibt ihn. In der Tat.

Werner Mitsch

Taten sind Früchte, Worte nur Blätter.

Sprichwort aus Griechenland

Technik

Wenn der Fortschritt lästig wird, beginnt die Technik
zu lügen.

Werner Mitsch

Die Technik spart uns zwar keine Zeit, aber sie verteilt
sie anders.

Helmar Nahr

Modelländerungen sind die Trippelschritte der
Technik.

Helmar Nahr

Technokratie ist die Technik der Herrschaft, die sich
als Herrschaft der Technik verkleidet hat.

Lothar Schmidt

Technik ist die bewußte Herstellung und Anwendung
von Mitteln.

Richard von Weizsäcker

Theorie und Praxis

Eine Theorie ist nichts als die Haut der Wahrheit
- gestützt und ausgestopft.

Henry Ward Beecher

Was ist eine Theorie anderes als eine unvollkommene
Verallgemeinerung, die von einer Prädisposition
eingeholt wurde?

James Anthony Froude

Die Theorie träumt, die Praxis belehrt.

Karl von Holtei

Gibt es einen Unterschied zwischen Theorie und
Praxis? Es gibt ihn. In der Tat.

Werner Mitsch

Theorie: Der Glaube ersetzt Werke.

Werner Mitsch

Die Theorie ist eine Brille, durch die wir falsche
- und ohne die wir gar keine - Zusammenhänge sehen.

Helmar Nahr

Toleranz

Nur wer sich sicher fühlt, ist tolerant.

Karl Carstens

Tolerieren heißt nicht allein: hinnehmen, erdulden,
ertragen, sondern vielmehr auch: abgrenzen.

Ernst R. Hauschka

Zwei links, zwei rechts - das ist die Masche der
Toleranz.

Werner Mitsch

Toleranz ist ein Beweis des Mißtrauens gegen ein
eigenes Ideal.

Friedrich Nietzsche

Toleranz ist eine beliebte Einstellung der
Nichtbetroffenen.

Lothar Schmidt

Toleranz wird von den Nichtbetroffenen gelobt,
von den Intoleranten ausgenutzt.

Lothar Schmidt

Überlegenheit

Freundschaft ist ein Zustand, der besteht, wenn jeder
Freund glaubt, dem anderen gegenüber eine leichte
Überlegenheit zu besitzen.

Honoré de Balzac

Es gibt keinen besseren Grund, höflich zu sein,
als die Überlegenheit.

Marie von Ebner-Eschenbach

Trotz aller Huldigungen, die man wirklicher oder
vermeintlicher Überlegenheit zollt, strebt der allgemeine
Gang menschlicher Überzeugung immer mehr dahin, die
Mittelmäßigkeit zur herrschenden Macht zu erheben.

John Stuart Mill

Innere Überlegenheit: Eigenschaft, die unsere
Mitmenschen unglaublich oft übersehen.

Helmar Nahr

Übertreibung

Die Übertreibung ist lediglich ein beständiges Detail,
das einer sonst schmucklosen und wenig überzeugenden
Schilderung Ansehen verleihen soll.

Sir William Schwenck Gilbert

Der gute Geschmack ist die Fähigkeit, fortwährend
der Übertreibung entgegenzuwirken.

Hugo von Hofmannsthal

Die Übertreibung ist der Betrug der ehrlichen Leute.

Comte Joseph Marie de Maistre

Überzeugung

Überzeugt: aus voller Kehle im Irrtum.

Ambrose Bierce

Die Überzeugung ist das Gewissen des Geistes.

Nicolas Chamfort

Ein einziges Wort, gesprochen mit Überzeugung in voller
Aufrichtigkeit und ohne zu schwanken, während man Auge
in Auge einander gegenüber steht, sagt bei weitem mehr als
einige Dutzend Bogen beschriebenen Papiers.

Fjodor Michaijlowitsch Dostojewski

Überzeugungskraft: Die Kunst, eine Sache so einseitig
darzustellen, daß man alle anderen Seiten vergißt.

Ron Kritzfeld

Die sichere Überzeugung, daß man könnte, wenn
man wollte, ist Ursache an manches guten Kopfes
Untätigkeit, und das nicht ohne Grund.

Georg Christoph Lichtenberg

Ein Mann mit einer Überzeugung ist stärker als
99 Leute mit Interessen.

John Stuart Mill

Aus den Leidenschaften werden Meinungen, die Trägheit
des Geistes läßt diese zu Überzeugungen erstarren.

Friedrich Nietzsche

Die Überzeugung ist der Glaube, in irgendeinem Punkt der
Erkenntnis im Besitz der Wahrheit zu sein.

Friedrich Nietzsche

In jeder Philosophie gibt es einen Punkt, wo die
Überzeugung des Philosophen auf die Bühne tritt.

Friedrich Nietzsche

Überzeugungen sind Gefängnisse.

Friedrich Nietzsche

Überzeugungen sind oft die gefährlichsten Feinde
der Wahrheit.

Friedrich Nietzsche

Ungeduld

Geduld ist die Stütze der Schwäche, Ungeduld der Ruin
der Stärke.

Charles Caleb Colton

Alle menschlichen Fehler sind Ungeduld, ein vorzeitiges
Abbrechen des Methodischen, ein scheinbares Einpfählen
der scheinbaren Sache.

Franz Kafka

Ungeduld ist Warten in Eile.

Unbekannt

Universität

Die wahre Universität dieser Tage ist eine Sammlung
von Büchern.

Thomas Carlyle

Eine Universität ist ein Ort, wo Kieselsteine geschliffen
und Diamanten getrübt werden.

Robert Green Ingersoll

Universitäten sind Bildungsstätten, die aus
Neunmalklugen Siebengescheite machen.

Werner Mitsch

Unrecht

Das Recht des Stärkeren ist das stärkste Unrecht.

Marie von Ebner-Eschenbach

Der Scharfsinn verläßt geistreiche Männer am
wenigsten, wenn sie unrecht haben.

Johann Wolfgang von Goethe

Alles, was sich nicht zur Publizität eignet, ist unrecht.

Immanuel Kant

Streitigkeiten würden nie lange dauern, wenn das
Unrecht immer nur auf einer Seite wäre.

La Rochefoucauld

Heute ist eine große Nachfrage nach Menschen, die Unrecht so erscheinen lassen, als wäre es das Recht.

Terentius

Unverstand

Der Unverstand ist die unbesiegbarste Macht auf
der Erde.

Anselm Feuerbach

Logik: die Kunst, in strenger übereinstimmung mit den
Grenzen und Schwächen des menschlichen Unverstandes
zu Denken und zu schlußfolgern.

Ambrose Bierce

Genau genommen sind alle Greuel der Gegenwart nur
dadurch entstanden, daß der Schlechtigkeit, der Unbeson-
nenheit und dem Unverstand von unten, von oben her statt
dem Verstande nur die Schlauheit entgegengetreten ist.

Franz Grillparzer

Es gibt auf Erden nichts widerwärtigeres, als mit dem
Unverstand kämpfen zu müssen; der Kampf mit der
Bosheit ist nichts dagegen.

Christian Friedrich Hebbel

Wenn Verstand und Unverstand sich berühren, so gibt es
einen elektrischen Schlag. Das nennt man Polemik.

Friedrich von Schlegel

Mancher hält sich für unverstanden, der nur
unverständlich ist.

Lothar Schmidt

Verantwortung

Der Preis der Größe heißt Verantwortung.

Sir Winston Churchill

Verantwortlich ist man nicht nur für das, was man tut,
sondern auch für das, was man nicht tut.

Laotse

Wer fest auf beiden Beinen stehen will, braucht sich nur
Verantwortung aufzuladen.

Lothar Schmidt

Verdienst

Verdienste bestehen in guten Gedanken, guten Reden und
guten Werken.

Christina von Schweden

Man erwirbt sich vielleicht durch das, was man anregt,
mehr Verdienst als durch das, was man selbst vollbringt.

Johann Wolfgang von Goethe

Die Kunst, mittelmäßige Fähigkeiten richtig zu
verwenden, erschleicht sich Anerkennung und verleiht
oft mehr Ansehen als das wahre Verdienst.

La Rochefoucauld

Die Wahrheit über unsere Verdienste liegen zwischen dem,
was man zu uns aus Höflichkeit sagt, und dem, was wir
über uns aus Bescheidenheit zugeben.

Jules Petit-Senn

Das mögliche Verdienst einer Untergangsprophezeiung
liegt darin, daß sie sich selbst ad absurdum führt: indem sie
die Menschen veranlaßt, die Bedingungen ihres Eintretens
zu beseitigen.

Lothar Schmidt

Verdienste sind Leistungen, an denen man nichts
verdient.

Gerhard Uhlenbruck

Vernunft

Vernunft annehmen kann niemand, der nicht schon
welche hat.

Marie von Ebner-Eschenbach

Eine irrige Meinung kann da geduldet werden, wo die
Vernunft frei ist, sie zu bekämpfen.

Thomas Jefferson

Wir Heutigen erleben das Schneckenrennen zwischen der
Entwicklung der menschlichen Vernunft und der Halbwert-
zeit von Plutonium.

Helmar Nahr

Durch Verstand sind wir imstande zu erlernen (das ist
Regeln zu erfassen), durch Urteilskraft vom Erlernten
Gebrauch zu machen (Regeln in concreto anzuwenden),
durch Vernunft zu erfinden, Prinzipien für mannigfaltige
Regeln auszudenken.

Immanuel Kant

Vernunft ist ein Verhältniszustand verschiedener
Leidenschaften und Begehrungen.

Friedrich Nietzsche

Es gibt eine Vernunft des Herzens, die der Verstand nicht
kennt. Man erfährt es bei tausend Dingen.

Blaise Pascal

Vernunft ist für die Vernünftigen, was für die
Unvernünftigen das Gesetz ist.

Lothar Schmidt

Der Mensch ist ein vernunftbegabtes Wesen, das immer
dann die Ruhe verliert, wenn von ihm verlangt wird, daß er
nach Vernunftgesetzen handeln soll.

Oscar Wilde

Verstand

Es gibt Menschen mit leuchtendem und Menschen
mit glänzendem Verstande. Die ersten erhellen ihre
Umgebung, die zweiten verdunkeln sie.

Marie von Ebner-Eschenbach

Jeder Mensch hat ein Brett vor dem Kopf, es kommt nur
auf die Entfernung an.

Marie von Ebner-Eschenbach

Begriff ist Summe, Idee Resultat der Erfahrung;
jene zu ziehen, wird Verstand, diese zu erfassen,
Vernunft erfordern.

Johann Wolfgang von Goethe

Das Denken, nur endliche Bestimmungen hervorbringend
und in solchen sich bewegend, heißt Verstand.

Georg Wilhelm Friedrich Hegel

Der Verstand ist das denkende Bestimmen überhaupt und
das Festhalten in gedachten Bestimmungen.

Georg Wilhelm Friedrich Hegel

Verstand ist die Erkenntnis des Allgemeinen. Urteilskraft
ist die Anwendung des Allgemeinen auf das Besondere.
Vernunft ist das Vermögen, die Verknüpfung des
Allgemeinen mit dem Besonderen einzusehen.

Immanuel Kant

Verstand: das Vermögen der Verknüpfungen der
Vorstellungen mit Bewußtsein.

Immanuel Kant

Jeder klagt über sein mangelhaftes Gedächtnis, aber
niemand über seinen mangelhaften Verstand.

La Rochefoucauld

Wir finden nur die verständig, die unserer Meinung sind.

La Rochefoucauld

Der Verstand ist ein Hemmungsapparat gegen das
Sofortreagieren auf das Instinkturteil.

Friedrich Nietzsche

Verstehen, das heißt: etwas Neues ausdrücken können in
der Sprache von etwas Altem.

Friedrich Nietzsche

In der Einheit des Zieles verrät sich der gesunde
Menschenverstand, während die Verschiedenheit der Mittel
den geistigen Maßstab gibt. Unstimmigkeiten im Ziele
lassen auf einen gestörten Verstand schließen.

Antoine de Rivarol

Verstand ist mechanischer, Witz ist chemischer,
Genie ist organischer Geist.

Friedrich von Schlegel

Je weniger Verstand einer hat, um so weniger merkt
er den Mangel.

Sprichwort aus England

Vertrag

Die vollkommenste Lüge ist der gebrochene Vertrag.

Arthur Schopenhauer

Wer das Kleingedruckte überfliegt, riskiert eine
Vertragsbruchlandung.

Rupert Schützbach

Der Vertrag ist eine Vereinbarung, etwas zu tun, wenn
nichts geschieht, was es vereitelt.

Unbekannt

Verträge halte treu! Was du bist, bist du nur
durch Verträge.

Richard Wagner

Vertrauen

Das Vertrauen ist etwas so Schönes, daß selbst der
ärgste Betrüger sich eines gewissen Respektes nicht
erwehren kann vor dem, der es ihm schenkt.

Marie von Ebner-Eschenbach

Vertrauen ist Mut, und Treue ist Kraft.

Marie von Ebner-Eschenbach

Vertrauen ist die größte Selbstaufopferung.

Christian Friedrich Hebbel

Vertrauen gibt dem Gespräch mehr Stoff als der Geist.

La Rochefoucauld

Vertrauen ist gut - Kontrolle besser.

Lenin

Es gibt stets zwei Gründe, weshalb man den Menschen
nicht traut. Der erste Grund: man traut den Menschen
nicht, weil man sie NICHT kennt. Der zweite Grund: man
traut den Menschen nicht, WEIL man sie kennt.

Lothar Schmidt

Verwaltung

Verwaltung: eine geniale Abstraktion in der Politik, dazu
bestimmt, die Schläge und Stöße auszuhalten, die dem
Premierminister oder Präsidenten gebühren. Ein Stroh-
mann, dem faule Eier und Tomaten nichts anhaben können.

Ambrose Bierce

Die Mühlen der öffentlichen Verwaltungen mahlen
nur deshalb so langsam, damit sie uns auch sicher
ganz klein kriegen.

Ron Kritzfeld

Das eigentliche Kennzeichen der Demokratie besteht
heutzutage nicht so sehr in der Volkstümlichkeit des
Regierungs-, sondern des Verwaltungssystems; daher muß
das wahre Ziel die Demokratisierung der Verwaltung sein.

Thomas Garrique Masaryk

Platzt die Verwaltung aus den Nähten, steigen Steuern
und Diäten.

Helmar Nahr

Selbstverwaltung bedeutet heutzutage, daß die
Verwaltung nur noch sich selbst verwaltet.

Helmar Nahr

Selten genug ist die Erkenntnis, daß die Verfassung eines
Staates sich mit Notwendigkeit aus seiner Verwaltungs-
ordnung ergibt und daß Staatskrankheiten entstehen, wo
beide sich nicht decken.

Heinrich von Treitschke

Eine Regierung, die nichts wert ist, kostet am meisten.

Lothar Schmidt

Regierungstätigkeit ist Politik en gros;
Verwaltungstätigkeit ist Politik en détail.

Lothar Schmidt

Verwaltung: Zwangsinterpretation der Bürgerrechte.

Lothar Schmidt

Was gibt uns die Verwaltung? Die Verwaltung gibt uns
zu denken.

Lothar Schmidt

Volk

Völker sterben nicht - sie sind Sklaven oder frei;
das ist alles!

Honoré de Balzac

Man kann einen Teil des Volkes die ganze Zeit zum
besten haben, und man kann das ganze Volk zeitweise
zum besten haben, aber man kann nicht das gesamte Volk
die ganze Zeit zum besten haben.

Abraham Lincoln

Das Volk bedarf anschaulicher und nicht begrifflicher
Wahrheiten.

Antoine de Rivarol

Selten geschieht, was das Volk will, noch seltener,
was es wollen sollte.

Lothar Schmidt

Vollkommenheit

Vollkommenheit ist die Norm des Himmels;
Vollkommenes wollen: die Norm des Menschen.

Johann Wolfgang von Goethe

Vollkommenheit ist schon da, wenn das Notwendige
geleistet wird. Schönheit, wenn das Notwendige geleistet,
doch verborgen ist.

Johann Wolfgang von Goethe

Eine Idee ist nichts anderes als der Begriff von einer
Vollkommenheit, die sich in der Erfahrung noch nicht
vorfindet.

Immanuel Kant

Kleinigkeiten gereichen zur Vollkommenheit,
aber Vollkommenheit ist keine Kleinigkeit.

Michelangelo Buonarroti

Vorgesetzte

Man muß sich vor dem Siege über Vorgesetzte hüten.

Balthasar Gracián y Morales

Ein kluger Untergebener lernt seinen Vorgesetzten von Tag
zu Tag besser kennen, aber er läßt es ihn nicht merken.

Ernst R. Hauschka

Mit einem Vorgesetzten ist es wie mit der Müdigkeit:
Man kann sich beiden nicht auf Dauer widersetzen.

Ernst R. Hauschka

Täusche deine Vorgesetzten, aber nicht deine
Untergebenen.

Sprichwort aus China

Vorsatz

Heute: Tag, an dem man gute Vorsätze faßt; morgen,
frühester Termin für ihre Verwirklichung.

Ron Kritzfeld

Gute Vorsätze sind vorsorgliche Bußübungen.

Helmar Nahr

Gute Absichten sind wertlos. Es kommt darauf an,
was man tut.

Lothar Schmidt

Gute Vorsätze sind sehr beliebt. Sie lassen sich immer
wieder verwenden.

Lothar Schmidt

Gute Vorsätze verdrängen schlechte Gewohnheiten.

Lothar Schmidt

Wer mit seinen guten Vorsätzen Schritt halten will,
braucht Siebenmeilenstiefel.

Lothar Schmidt

Gute Vorsätze sind Schecks, auf eine Bank gezogen, bei der
man kein Konto hat.

Oscar Wilde

Wahrheit

Die Wahrheit ist das Geheimnis der Beredsamkeit,
die Grundlage moralischer Autorität, der höchste
Gipfel der Kunst und des Lebens.

Henri-Frédéric Amiel

Die Wahrheit ist ein schlichtes, rotwangiges
Bürgermädchen, das im Salon über die Achsel
angesehen wird.

Aus den „Fliegenden Blättern"

Die Wahrheit ist ein Verdacht, der andauert.

Ramón de Campoamor y Campoosorio

Die Wahrheit ist das erste Opfer des Krieges.

Jimmy Carter

Jedermann sucht nach Wahrheit; aber allein Gott weiß,
wer sie gefunden hat.

Lord Philip Dormer Chesterfield

Gelegentlich stolpern die Menschen über eine
Wahrheit, aber sie richten sich auf und gehen weiter,
als sei nichts geschehen.

Sir Winston Churchill

Der größte Freund der Wahrheit ist Zeit, ihr größter Feind
das Vorurteil und ihr ständiger Begleiter die Demut.

Charles Caleb Colton

Die Wahrheit ist die Grundlage allen Wissens und der
Zement aller Gesellschaften.

John Dryden

Wahrheit ist der Gipfel des Seins. Gerechtigkeit ist ihre
Anwendung auf die Praxis des Lebens.

Ralph Waldo Emerson

Die Wahrheit ist nur eine gut maskierte Unwahrheit.

George Farquhar

Unanfechtbare Wahrheiten gibt es überhaupt nicht, und
wenn es welche gäbe, wären sie langweilig.

Theodor Fontane

Hier aber, versetzte Wilhelm, sind so viele wider-
sprechende Meinungen, und man sagt ja, die Wahrheit liege
in der Mitte. Keineswegs, erwiderte Montan, in der Mitte
bleibt das Problem liegen.

Johann Wolfgang von Goethe

Zwei Elemente braucht man für eine Wahrheit: eine
Tatsache und eine Abstraktion.

Rémy de Gourmont

Wer die Wahrheit hören will, den sollte man vorher
fragen, ob er sie ertragen kann.

Ernst R. Hauschka

Niemand spricht eine Wahrheit aus, die er nicht mit
einem Irrtum verzollen müßte.

Christian Friedrich Hebbel

Wahrheit ist der Punkt, wo Glaube und Wissen
einander neutralisieren.

Christian Friedrich Hebbel

Die Wahrheit ist nicht eine ausgeprägte Münze, die
fertig gegeben und so eingestrichen werden kann.

Georg Wilhelm Friedrich Hegel

Wahrheit heißt Übereinstimmung des Begriffs mit
seiner Wirklichkeit.

Georg Wilhelm Friedrich Hegel

Die Wahrheit ist eine gedachte Linie, die den Irrtum in
zwei Teile teilt.

Elbert G. Hubbard

Ich verstehe unter dem Wahren etwas, was vor und außer
dem Wissen ist, was dem Wissen und dem Vermögen des
Wissens, der Vernunft, erst einen Wert gibt.

Friedrich Heinrich Jacobi

Die Wahrheit wird zunehmend komplexer und schwerer
verständlich; die Lüge stellt immer einfachere Behauptun-
gen auf, die kaum nachprüfbar, aber leicht zu glauben sind.

Ron Kritzfeld

Es sei, daß noch durch keinen Streit die Wahrheit
ausgemacht worden, so hat dennoch die Wahrheit bei
jedem Streite gewonnen.

Gotthold Ephraim Lessing

Die gefährlichsten Unwahrheiten sind Wahrheiten,
mäßig entstellt.

Georg Christoph Lichtenberg

Wahrhaft ist nur der Mensch, der nicht lügt, nicht
wer die Wahrheit sagt.

Charles-Joseph Fürst von Ligne

Wahrheit ist ein Tuch zum Kleiden, zwar das allerbeste,
aber nicht auf alle Tage, nur auf hohe Feste.

Friedrich Freiherr von Logau

Die Notlüge ist die Höflichkeitsform der Wahrheit.

Werner Mitsch

In alten Märchen steckt oft mehr Wahrheit als in neuen
Regierungserklärungen.

Werner Mitsch

Selbstgespräche gelingen besser, wenn man sich vorher ein
wenig reinen Wein einschenkt.

Werner Mitsch

Wie es unverrückbare Wahrheiten gibt, so gibt es auch
unverrückbare Irrtümer.

Robert Muthmann

Auf einen Tropfen Wahrheit kommt ein Ozean von Worten.

Helmar Nahr

Die Wahrheit ist der letzte und schwächste Grund
für eine Aussage. Sie gedeiht nur dort, wo jegliches
Interesse ausgeschaltet ist.

Helmar Nahr

Die Gesetzgebung der Sprache gibt auch die ersten
Gesetze der Wahrheit.

Friedrich Nietzsche

Die Wahrheiten des Menschen sind die
unwiderlegbaren Irrtümer.

Friedrich Nietzsche

Streben nach Wahrheit hat seine Wurzel in
der Gerechtigkeit.

Friedrich Nietzsche

Wahrheit ist die Art von Irrtum, ohne welche eine
bestimmte Art von lebendigen Wesen nicht leben könnte.

Friedrich Nietzsche

Die nützlichsten Wahrheiten sind die einfachsten;
solange wir uns an sie halten, können unsere
Meinungsverschiedenheiten nicht sehr groß werden.

William Penn

Die Milchmädchenrechnung preist die Wahrheit als
die Summe zweier Halbwahrheiten.

Lothar Schmidt

Es gibt eine Waffe, die keine Waffe der Gewalt ist:
die Wahrheit.

Lothar Schmidt

Falsch verstandene Wahrheiten sind die gefährlichsten
Mißverständnisse.

Lothar Schmidt

Wahrheit steht nicht oft im Angebot. Die Nachfrage ist
auch gering.

Lothar Schmidt

Wer die Wahrheit für die Summe zweier
Halbwahrheiten hält, der hat sich verrechnet.

Lothar Schmidt

Was nennt ihr Wahrheit? Die Täuschung, die
Jahrhunderte alt geworden. Was Täuschung?
Die Wahrheit, die nur eine Minute gelebt.

Baruch Benedikt de Spinoza

Das Wahre ist das Seiende selber.

Thomas von Aquin

Was ist Wahrheit? In Sachen der Religion: die Meinung,
die überlebte Meinung. In den Dingen der Wissenschaft:
die letzte Entdeckung. In der Kunst: unsere letzte
Stimmung.

Oscar Wilde

Werbung

Ein Kaufmann macht durch allzu großes Rühmen die Ware,
die ihm feil ist, nur verdächtig.

Horaz

Es gibt drei Arten von Werbung. Laute, lautere
und unlautere.

Werner Mitsch

Werbung ist das Glück der Unzufriedenen; Zufriedene sind
das Unglück der Werbung.

Helmar Nahr

Vergleichende Werbung ist in der Wirtschaft verboten;
in der Politik ist sie die Regel.

Lothar Schmidt

Selbst Gott braucht die Werbung. Er hat Glocken.

Aurélien Scholl

Vielfach ist die Werbung keine Werbung für die
Werbung.

Rupert Schützbach

Wille

Sei deines Willens Herr und deines Gewissens Knecht.

Marie von Ebner Eschenbach

Dem Menschen fehlt es nicht an Stärke, sondern
an Willensstärke.

Victor Hugo

Der Wille wird als Vermögen gedacht, die Vorstellung
gewisser Gesetze gemäß sich selbst zum Handeln
zu bestimmen.

Immanuel Kant

Einen Menschen erziehen heißt, seinen Willen bestimmen,
ihn gut erziehen heißt, seinen Willen gewöhnen, stets nur
das Gute zu erstreben.

Paul Anton Lagarde

Mit der richtigen Bildung unseres Willens geht auch
die Bildung unseres Könnens und Wissens einher.

Novalis

Der Mensch kann alles, was er will, wenn er nur will,
was er kann.

Moritz Gottlieb Saphir

Des Menschen Wille, das ist sein Glück.

Friedrich von Schiller

Obwohl die meisten Menschen tun, was sie wollen, wollen
die wenigsten, was sie tun.

Gerhard Uhlenbruck

Wissen

Wissen ist Macht.

Francis Bacon

Wissen nennen wir jenen kleinen Teil unserer Unwissenheit, den wir geordnet und katalogisiert haben.

Ambrose Bierce

Alles wahre Wissen widerspricht dem gesunden
Menschenverstand.

Mandell Creighton

Man muß schon etwas wissen, um verbergen zu
können, daß man nichts weiß.

Marie von Ebner-Eschenbach

Wissen sind die aufgespeicherten Gedanken und
Erfahrungen unzähliger Geister.

Ralph Waldo Emerson

Im Betrachten wie im Handeln ist das zugängliche von dem
Unzugänglichen zu unterscheiden; ohne dies läßt sich im
Leben wie im Wissen wenig leisten.

Johann Wolfgang von Goethe

Wissen: das Bedeutende der Erfahrung, das immer ins
Allgemeine hinweist.

Johann Wolfgang von Goethe

Unser Wissen ist Vermutung und unser Tun ist Streben.

Theodor Gottlieb von Hippel

Alles Wissen ist Erinnerung.

Thomas Hobbes

Wissen gibt es in zweierlei Form:
Wir kennen den Gegenstand selbst oder wir wissen,
wo wir Informationen über ihn erlangen.

Samuel Johnson

Wissen: Fürwahrhalten aus einem Erkenntnisgrunde, der
sowohl objektiv als subjektiv zureichend ist.

Immanuel Kant

Um die Dinge recht zu kennen, muß man ihre Einzelheiten kennen, und da diese fast unzählig sind, bleibt unser Wissen immer oberflächlich und unvollkommen.

La Rochefoucauld

Zweifel muß nichts weiter sein als Wachsamkeit, sonst kann er gefährlich werden.

Georg Christoph Lichtenberg

Wissen ist ein zeitlicher Bildungsendstand mangels neuerer Erkenntnisse.

Werner Mitsch

Je mehr man schon weiß, je mehr hat man noch zu lernen. Mit dem Wissen nimmt das Nichtwissen in gleichem Grade zu, oder vielmehr das Wissen des Nichtwissens.

Friedrich von Schlegel

Auf dem Wege zum Wissen begegnen uns viele Zweifel.

Lothar Schmidt

Wer weiß schon, wieviel er wissen muß, um zu wissen, daß er noch zu wenig weiß.

Lothar Schmidt

Wissen, was andere wissen, ist besser als gar nichts wissen.

Lothar Schmidt

Ich weiß, daß ich weiß, daß ich nichts weiß.

Sokrates

Wissen ist die niederste Art nicht vereinigten Wissens; Wissenschaft ist teilweise vereinigtes, Philosophie völlig vereinigtes Wissen.

Herbert Spencer

Wissenschaft

Wissenschaft ist Macht.

Francis Bacon

Jede menschliche Wissenschaft ist nichts als ein
Zuwachs des Sehvermögens.

John Fiske

Die Gelehrten sind meist gehässig, wenn sie widerlegen;
einen Irrenden sehen sie gleich als ihren Todfeind an.

Johann Wolfgang von Goethe

Vier Epochen der Wissenschaften: kindliche: poetische,
abergläubische; empirische: forschende, neugierige;
dogmatische: didaktische, pedantische; ideelle:
methodische, mystische.

Johann Wolfgang von Goethe

Die Kraft des Geistes ist nur so groß als ihre Äußerung,
seine Tiefe nur so tief, als er in seiner Auslegung sich
auszubreiten und sich zu verlieren getraut.

Georg Wilhelm Friedrich Hegel

Wissenschaft ist eine Sammlung vieler klarer Begriffe aus
vielen lebhaften Erfahrungen über eine Sache.

Hans Jakob Wilhelm Heinse

Wissenschaft ist die Kenntnis von den Wirkungen und von
der Abhängigkeit eines Faktums von einem anderen.

Thomas Hobbes

Die Wissenschaft ist die Ortsbeschreibung
der Unwissenheit.

Oliver Wendell Holmes

Wissenschaft geht aus der Entdeckung der Identität
unter der Verschiedenheit hervor.

William Stanley Jevons

Eine jede Lehre, wenn sie ein System d.i. ein nach
Prinzipien geordnetes Ganzes der Erkenntnis sein soll,
heißt Wissenschaft.

Immanuel Kant

Der Endzweck der Wissenschaft ist: Wahrheit;
der Endzweck der Künste hingegen ist: Vergnügen.

Gotthold Ephraim Lessing

Das Problem der Wissenschaft ist: die Welt zu erklären,
ohne zu Empfindungen als Ursache zu greifen.

Friedrich Nietzsche

Die Grade des Falschen festzustellen, ist die Aufgabe
der Wissenschaft.

Friedrich Nietzsche

Die Wissenschaft hat die Einsicht in den Wahn
und Irrtum als in eine Bedingung des erkennenden
und empfindenden Daseins gegeben.

Friedrich Nietzsche

Die Wissenschaft war bisher die Beseitigung der
Verworrenheit der Dinge durch Hypothesen.

Friedrich Nietzsche

Durch die Wissenschaft kommt der Mensch dem
wirklichen Wesen der Welt näher.

Friedrich Nietzsche

Wissenschaft ist nur eine Hälfte. Glauben ist die andere.

Novalis

Die Aufgabe der Wissenschaft besteht darin,
Erscheinungen durch Tatsachen und Einwirkungen
durch Beweise zu ersetzen.

John Ruskin

Wissenschaft ist organisiertes Wissen.

Herbert Spencer

Wissenschaft hat etwas Faszinierendes an sich. So eine
geringfügige Investition an Fakten liefert so einen
reichen Ertrag an Voraussagen.

Mark Twain

Der Wissenschaftler ist ein Mann, der lieber zählt
als vermutet.

Unbekannt

Wissenschaftler

Gelehrte sind Menschen, die sich von normalen
Sterblichen durch die anerworbene Fähigkeit
unterscheiden, sich an weitschweifigen und
komplizierten Irrtümern zu ergötzen.

Anatole France

Wissenschaftler ist jemand, dessen Einsichten größer sind
als seine Wirkungsmöglichkeiten. Gegenteil: Politiker.

Helmar Nahr

Geisteswissenschaftler: Mundwerker.

Lothar Schmidt

Zeit

Unsere Zeit hat eine zermürbende Kraft.

Jacob Christoph Burckhardt

Eins, zwei, drei im Sauseschritt läuft die Zeit,
wir laufen mit.

Wilhelm Busch

Wenn die Zeit kommt, in der man könnte, ist die
vorüber, in der man kann.

Marie von Ebner-Eschenbach

Das Maß der Zeit bleibt die Vergangenheit, auch wenn wir
für die Zukunft planen.

Hatto Egerer

Die Zeit ist der Stoff, aus dem die großen
Unternehmungen gemacht werden.

Anatole France

Unsere Zeit ist eine Parodie aller vorhergehenden.

Christian Friedrich Hebbel

Die Zeit ist die Larve der Ewigkeit.

Jean Paul

Die Zeit ist Bewegung im Raum.

Joseph Joubert

Die Zeit: Ist kein Geld, aber den einen nimmt das Geld die
Zeit, und den anderen die Zeit das Geld.

Ron Kritzfeld

Das Wesen der Zeit besteht in der Veränderung der Dinge.
(Oder mathematisch ausgedrückt: Die Zeit ist der Differen-
tialquotient der Veränderung.)

Helmar Nahr

Die Menschen vertreiben sich die Zeit und klagen
darüber, daß sie keine haben.

Lothar Schmidt

Viele Menschen gehen mit ihrer Zeit so um wie die
Politiker mit unserem Geld.

Lothar Schmidt

Von der Zeit nehmen wir nur Notiz, wenn sie vorbei ist.

Lothar Schmidt

Der Zug der Zeit ist ständig überfüllt.

Norbert Stoffel

Zeit ist Geldverschwendung.

Oscar Wilde

Verschwendete Zeit ist Dasein, gebrauchte Zeit ist
Leben.

Edward Young

Ziel

Das Ziel muß man früher kennen als die Bahn.

Jean Paul

Um eine Entscheidung zu treffen, muß man zielen
können.

Rupert Schützbach

Um weiter zu springen, muß man einen Schritt
zurücktreten.

Sprichwort aus Frankreich

Zufall

Zufall ist der Spitzname für Vorsehung.

Nicolas Chamfort

Der Zufall ist die in Schleier gehüllte Notwendigkeit.

Marie von Ebner-Eschenbach

Zufall ist vielleicht das Pseudonym Gottes, wenn er nicht unterschreiben will.

Anatole France

Die zwei größten Tyrannen der Erde:
der Zufall und die Zeit.

Johann Gottfried von Herder

Zukunft

Der beste Prophet der Zukunft ist die Vergangenheit.

Lord George Gordon Noël Byron

Wenn wir einen Streit zwischen Vergangenheit und Gegenwart beginnen, werden wir finden, daß wir die Zukunft verloren haben.

Sir Winston Churchill

Wer heute nur für sich selbst sorgen will, verspielt mit der Zukunft anderer auch seine eigene.

Gustav Heinemann

Früher hatten die Menschen Angst vor der Zukunft. Heute muß die Zukunft Angst vor den Menschen haben.

Werner Mitsch

Sicherheit beruht auf der vermeintlichen Kenntnis und der tatsächlichen Unkenntnis der Zukunft.

Helmar Nahr

Wer die Zukunft fürchtet, verdirbt sich die Gegenwart.

Lothar Schmidt

Zweifel

Erst zweifeln, dann untersuchen, dann entdecken.

Henry Thomas Buckle

Zweifel ist der Weisheit Anfang.

Renè Descartes

Alles Wissen geht aus einem Zweifel hervor und endigt in einem Glauben.

Marie von Ebner-Eschenbach

Eigentlich weiß man nur, wenn man wenig weiß.
Mit dem Wissen wächst der Zweifel.

Johann Wolfgang von Goethe

Der Zweifel ist eine Huldigung, welche man der Hoffnung darbringt.

Comte de Lautréamont

Ich zweifle, also denke ich.

Werner Mitsch

Zynismus

Zyniker ist, wer alle menschlichen Handlungen in zwei Gruppen einteilt: offenkundig schlechte und verschleiert schlechte.

Henry Ward Beecher

Ein Zyniker ist ein Mensch, der auf die, die über ihm stehen, verächtlich herabblickt.

Unbekannt

Ein Zyniker ist ein Mensch, der von allen Dingen den Preis und von keinem den Wert weiß.

Oscar Wilde

SCHLAGWORTVERZEICHNIS

Abbott, Lyman; 1835-1922; am. Religionsphilosoph
Acton, Lord John E.; 1834-1902; engl. Historiker
Adams, Henry Brooks; 1838-1918; am. Historiker
Addison, Joseph; 1672-1719; engl. Dichter
Adenauer, Konrad; 1876-1967;
  dt. Staatsmann, erster Bundeskanzler (1949-1967)
Aischylos; 525-456 aD;
  griech. Dichter, Begründer der Tragödie
Allais, Alphonse; 1854-1905;
  frz. Schriftsteller, Humorist
Amiel, Henri-Frédéric; 1821-1881;
  schweiz. Philosoph u. Kritiker
Andersen, Hans Christian; 1805-1875; dän. Dichter
Anzengruber, Ludwig; Pseudonym Ludwig Gruber;
  1839-1889; öster. Dramatiker u. Erzähler
Aristoteles; 384-322 aD; griech. Philosoph,
  Begründer der abendländischen Philosophie
Arnim, Bettina von; eigentlich Elisabeth von Arnim;
  1785-1859; dt. Schriftstellerin
Auber, Daniel François; 1782-1871;
  frz. Opernkomponist
Auerbach, Berthold; 1812-1882;
  dt. Historiker, Erzähler u. Essayist
Augustinus; eigentlich Aurelius Augustinus; 354-430;
  röm. Bischof in Nordafrika, bedeutendster
  Kirchenlehrer des Abendlandes

Bacon, Francis, Baron Verulam and Viscount St. Albans;
  1561-1626; engl. Staatsmann u. Philosoph
Baer, Arthur; 1897-1909; am. Humorist
Bagehot, Walter; 1826-1877;
  engl. Nationalökonom u. Jurist
Balzac, Honoré de; 1799-1850;
  frz. Romanschriftsteller, Dichter
Baudelaire, Charles Pierre; 1821-1867;
  frz. Dichter u. Kritiker

Bauernfeld, Eduard von; 1802-1890; öster. Dramatiker

Becque, Henri François; 1837-1899; frz. Dramatiker

Beecher, Henry Ward; 1813-1887;
am. protestantischer Prediger

Bentham, Jeremy; 1748-1832; engl. Philosoph u. Jurist

Berthet, André; 1818-1888; frz. Schriftsteller

Bierbaum, Otto Julius; Pseudonym Martin Möbius;
1865-1910; dt. Erzähler, Lyriker u. Schauspieldichter

Bierce, Ambrose; 1842-1914;
am. Satiriker u. Schriftsteller, 1914 in Mexico
verschollen

Billings, Josh; eigentlich Henry Wheeler Shaw;
1818-1885; am. Humorist

Bismarck, Otto von; 1815-1898;
dt. Staatsmann, erster dt. Reichskanzler 1871-90

Bodelschwingh, Friedrich von; 1831-1910;
dt. Geistlicher

Bolingbroke, Henry Saint-John First Viscount; 1678-1751;
engl. Philosoph u. Staatsmann

Bonald, Louis Gabriel Ambroise Vicomte de; 1754-1840;
frz. Philosoph

Börne, Ludwig; eigentlich Löb Baruch; 1786-1837;
dt. Schriftsteller u. Kritiker

Bourne, Randolph Silliman; 1886-1918;
am. Schriftsteller, Pazifist

Buckle, Henry Thomas; 1821-1862;
engl. Kulturhistoriker

Bulwer-Lytton,First Baron Earl Edward George;
1803-1873; engl. Schriftsteller u. Staatsmann

Burckhardt, Jacob Christoph; 1818-1897;
schweiz. Kunst- u. Kulturhistoriker

Burke, Edmund; 1729-1797;
engl. Philosoph u. Staatsmann

Busch, Wilhelm; 1832-1908;
dt. Dichter, Maler u. Zeichner

Butler der Jüngere, Samuel; 1835-1902;
engl. Philosoph u. Essayist

Byron, Lord George Gordon Noël; 1788-1824;
engl. Dichter der Romantik

Caballero, Fernán; eigentlich Cecilia Böhl de Faber;
1797-1877; span. Schriftstellerin

Campoamor y Campoosorio, Ramón de; 1817-1901;
span. Dichter

Carlyle, Thomas; 1795-1881;
schott. Schriftsteller, Essayist, Historiker u.
Philosoph

Carnegie, Andrew; 1835-1919;
am. Stahl-Industrieller, Begründer wohltätiger
Stiftungen

Carstens, Karl; 1914-1992;
dt. Politiker, Bundespräsident 1979-1984

Carter, Jimmy; 1924-;
am. Poliker, 39. Präsident der USA

Cézanne, Paul; 1839-1906; frz. Maler

Chamfort, Nicolas; eigentlich Sébastien Roch Nicolas;
1741-1794; frz. Moralist

Channing, William Ellery; 1780-1842; am. Theologe

Charleton, Walter; 1619-1707; engl. Philosoph

Chateaubriand, François René Vicomte de; 1768-1848;
frz. Dichter u. Staatsmann

Cheniér, André-Marie de; 1762-1794;
frz. Lyriker u. Schriftsteller

Chesterfield, Lord Philip Dormer, Fourth Earl of Stanhope;
1694-1773; engl. Staatsmann u. Schriftsteller

Christina von Schweden; 1626-1689;
schwed. Königin u. Aphoristikerin

Churchill, Sir Winston; 1874-1965;
engl. Premierminister 1940-1945 u. 1951-1955,
Literatur-Nobelpreis 1953

Cibber, Colley; 1671-1757; engl. Dramatiker

Cicero; eigentlich Marcus Tullius Cicero; 106-43 aD;
röm. Staatsmann, Redner u. Schriftsteller

Cobbett, William; 1763-1835;
engl. Politiker u. Schriftsteller

Colbert, Jean Baptiste; 1619-1683;
  frz. Staatsmann, Merkantilist
Coleridge, Samuel Taylor; 1772-1834;
  engl. Dichter u. Philosoph
Collins, John Churton; 1848-1908; engl. Pädagoge
Colton, Charles Caleb; 1780-1832;
  engl. Pfarrer, Aphoristiker u. Essayist
Congreve, William; 1670-1729; engl. Dichter
Cooper, James Fenimore; 1789-1851; am. Schriftsteller
Cowley, Abraham; 1618-1667; engl. Dichter
Creighton, Mandell; 1845-1901; am. Geistlicher

Davenant, Sir William (auch D'Avenant geschrieben);
  1606-1688; engl. Dichter,
Descartes, René; 1596-1650;
  frz. Philosoph, Mathematiker (Begründer der
  analytischen Geometrie)
Diderot, Denis; 1713-1784;
  frz. Philosoph u. Schriftsteller der Aufklärung
Dilthey, Wilhelm; 1833-1911; dt. Philosoph
Disraeli, Benjamin, First Earl of Beaconsfield; 1804-1881;
  engl. Staatsmann, Premiermin., Schriftsteller,
Dostojewski, Fjodor Michaijlowitsch; 1821-1881;
  russ. Schriftsteller u. Dichter
Dryden, John; 1631-1700;
  engl. Dichter u. Literaturkritiker
Dumas der Ältere, Alexandre; 1802-1870;
  frz. Schriftsteller

Ebner-Eschenbach, Marie von; 1830-1916;
  öster. Erzählerin, Autorin, Aphoristikerin
Egerer, Hatto; 1921-; dt. Arzt, Aphoristiker
Einstein, Albert; 1879-1955;
  dt.-am. Physiker, Relativitätstheorie, Nobelpreis 1921
Emerson, Ralph Waldo; 1803-1882;
  am. Philosoph u. Dichter

Engels, Friedrich; 1820-1895;

    dt. Philosoph, Theoretiker des Sozialismus

Epikur von Samos; 341-270 aD; griech. Philosoph

Farquhar, George; 1678-1707; ir. Dramatiker

Feuchtersleben, Ernst Freiherr von; 1806-1849;

    öster. Arzt, Schriftsteller, Lyriker, Essayist

Feuerbach, Anselm; 1829-1880; dt. Maler

Feuerbach, Ludwig Andreas; 1804-1872; dt. Philosoph

Fichte, Johann Gottlieb; 1762-1814;

    dt. Schriftsteller, Philosoph des Idealismus

Fiske, John; eigentlich Edmund Fiske; 1842-1901;

    am. Historiker u. Essayist

Flaubert, Gustave; 1821-1880; frz. Dichter

Fontaine, Jean de La; siehe: La Fontaine, Jean de…

Fontane, Theodor; 1819-1898;

    dt. Schriftsteller u. Erzähler

Fontenelle, Bernard Le Bovier de; 1657-1757;

    frz. Schriftsteller u. Philosoph

Fort, Gertrud von Le; siehe: Le Fort, Gertrud von…

France, Anatole; eigentlich Jacques François Anatole

    Thibault; 1844-1924; frz. Dichter, Nobelpreis 1921

Franklin, Benjamin; 1706-1790;

    am. Staatsmann, Philosoph, Schriftsteller, Physiker

Friedrich II. (der Große); 1712-1786;

    dt. Staatsmann, gen. der „Alte Fritz", König von

    Preußen 1740-86

Froude, James Anthony; 1818-1894; engl. Historiker

Fuller, Thomas; 1608-1661;

    engl. Theologe, Philosoph u. Historiker

Galiano, Ferdinando; 1728-1787; ital. Schriftsteller

Garfield, James Abraham; 1831-1881;

    am. Staatsmann, 20. Präsident der USA (1881-1881)

Gaulle, Charles de; 1890-1970;

    frz. General u. Staatsmann, 1958-1969 Präsident der

    Fünften Republik

Geibel, Emanuel; 1815-1884; dt. Dichter

Gilbert, Sir William Schwenck; 1836-1911;
   engl. Dramatiker
Giusti, Guiseppe; 1809-1850; ital. Dichter u. Satiriker
Gladstone, William Ewart; 1809-1898; engl. Staatsmann
Gleim, Johann Wilhelm Ludwig; 1719-1803;
   dt. Lyriker u. Epigrammatiker
Goethe, Johann Wolfgang von; 1749-1832; dt. Dichter
Goldsmith, Oliver; 1728-1774; engl.-ir. Schriftsteller
Goldwyn, Samuel; 1882-1974; am. Filmproduzent
Goncourt, Edmond de; 1822-1896; frz. Schriftsteller
Gourmont, Rémy de; 1858-1915;
   frz. Philosoph, Essayist, Lyriker, Schriftsteller
Gracián y Morales, Balthasar; 1601-1658;
   span. Philosoph, Schriftsteller u. Jesuitenpater
Grillparzer, Franz; 1791-1872; öster. Dichter
Grotius, Hugo; eigentlich Huig de Groot; 1583-1645;
   holl. Rechtsgelehrter u. Staatsmann
Gutzkow, Karl; 1811-1878;
   dt. Journalist, Literaturkritiker, Schriftsteller des
   Jungen Deutschland

Häckel, Ernst; 1834-1919; dt. Zoologe u. Philosoph
Halifax, Lord George Savile Marquis of; 1633-1695;
   engl. Staatsmann u. Schriftsteller
Halm, Friedrich; eigentlich Freiherr von Munch-
   Bellinghausen; 1806-1871; öster. Erzähler,
   Dramatiker, Lyriker
Hamann, Johann Georg; 1730-1788; dt. Philosoph
Hauschka, Ernst R.; 1926-;
   dt. Schriftsteller, Bibliothekar, Aphoristiker
Hazlitt, William; 1778-1830; engl. Essayist u. Kritiker
Hebbel, Christian Friedrich; 1813-1863;
   dt. Dichter
Hegel, Georg Wilhelm Friedrich; 1770-1831;
   dt. Philosoph
Heine, Heinrich; 1797-1856; dt. Dichter u. Publizist
Heinemann, Gustav; 1899-1976;
   dt. SPD-Politiker, 1969-1974 Bundespräsident

Heinse, Hans Jakob Wilhelm; 1746-1803;
　　dt. Schriftsteller

Helmholtz, Hermann Ludwig Ferdinand von;
　　1821-1894; dt. Mediziner u. Naturwissenschaftler

Helps, Sir Arthur; 1813-1875;
　　engl. Historiker u. Essayist

Helvétius, Claude-Adrien; 1715-1771;
　　frz. Philosoph

Heraklit; 576-480 aD; griech. Historiker

Herder, Johann Gottfried von; 1744-1803;
　　dt. Dichter, Theologe u. Philosoph

Herzl, Theodor; 1860-1904;
　　öster. Schriftsteller, Begründer der zionistischen
　　Weltorganisation

Hille, Peter; 1854-1904;
　　dt. Lyriker, Erzähler, Dramatiker, Aphoristiker

Hippel, Theodor Gottlieb von; 1741-1796; dt. Dichter

Hitchcock, Roswell Dwight; 1817-1887;
　　am. Pädagoge

Hobbes, Thomas; 1588-1679;
　　engl. Philosoph u. Dichter

Hofmannsthal, Hugo von; mehrere Pseudonyme;
　　1874-1929; öster. Dichter des Impressionismus u.
　　Symbolismus

Holmes, Oliver Wendell; 1809-1894;
　　am. Dichter u. Schriftsteller

Holtei, Karl von; 1798-1880;
　　dt. Schriftsteller u. Schauspieler

Horaz; eigentlich Flaccus Quintus Horatius; 65-8 aD;
　　röm. Dichter

Hubbard, Elbert G.; 1856-1915; am. Essayist

Hugo, Victor; 1802-1885; frz. Dichter der Romantik

Humboldt, Wilhelm von; 1767-1835; dt. Staatsmann,
　　Philosoph, Sprachwissenschaftler u. Forscher

Huxley, Thomas Henry; 1825-1895;
　　engl. Biologe u. Physiologe

Ihering, Rudolf von; 1818-1892; dt. Jurist

Immermann, Karl Leberecht; 1796-1840; dt. Dichter

Ingersoll, Robert Green; 1833-1899; am. Jurist

Jacobi, Friedrich Heinrich; 1743-1819;
   dt. Philosoph u. Schriftsteller

Jahrreiß, Hermann; 1894-1992; dt. Rechtsgelehrter

James, William; 1842-1910;
   am. Philosoph u. Psychologe

Jaspers, Karl; 1883-1969; dt. Philosoph

Jean Paul; eigentlich Paul Friedrich Richter; 1763-1825;
   dt. Dichter

Jefferson, Thomas; 1743-1826;
   am. Staatsmann, 3. Präsident der USA (1801-1809)

Jerrold, Douglas; 1803-1857; engl. Dramatiker

Jevons, William Stanley; 1835-1882;
   engl. Nationalökonom

Jochmann, Carl Gustav; 1789-1830; dt. Schriftsteller

Johnson, Samuel; 1709-1784;
   engl. Dichter, Schriftsteller, Literaturkritiker

Joubert, Joseph; 1754-1824;
   frz. Moralist u. Epigrammatiker

Kafka, Franz; 1883-1924;
   öster. Erzähler u. Romanschriftsteller

Kant, Immanuel; 1724-1804; dt. Philosoph

Karr, Alphonse; 1808-1890; frz. Dichter u. Journalist

Kennedy, John F.; 1917-1963;
   am. Staatsmann, 35. Präsident der USA (1961-1963),
   ermordet in Dallas/USA

Kierkegaard, Sören Aabye; 1813-1855;
   dän. Theologe u. Religionsphilosoph

Kissinger, Henry A.; 1923-;
   am. Politiker, 1973 Friedensnobelpreis, 1973-1977
   Außenminister

Kraus, Karl; 1874-1936;
   öster. Kritiker, Satiriker, Essayist, Dramatiker,
   Aphoristiker

Kritzfeld, Ron; Pseudonym; 1921-; dt. Unternehmer

La Bruyère, Jean de; 1645-1696;

    frz. Moralphilosoph, Psychologe, Schriftsteller

La Rochefoucauld; eigentlich François VI. Duc de La

    Rochefoucauld; 1613-1680; frz. Schriftsteller,

    Moralist, Aphoristiker

Lafayette, Marie Joseph de Motier; 1757-1834;

    frz. General u. Politiker

La Fontaine, Jean de; 1621-1695; frz. Fabeldichter

Lagarde, Paul Anton de; eigentlich Bötticher;

    1827-1891; dt. Orientalist u. Kulturphilosoph

Lamartine, Alphonse Marie Louis de; 1790-1869;

    frz. Dichter u. Staatsmann

Laotse; 570-490 aD; chin. Philosoph u. Weiser

Lautréamont, Comte de; eigentlich Isidore Ducasse;

    1847-1870; frz. Dichter

Lavater, Johann Caspar; 1741-1801; schweiz. Philosoph

Le Bon, Gustave; 1841-1931;

    frz. Soziologe u. Sozialpsychologe

Leahy, Frank; 1908-1968; am. Fußballtrainer

Le Fort, Gertrud von; 1876-1971; dt. Dichterin

Leibniz, Gottfried Wilhelm Freiherr von; 1646-1716;

    dt. Philosoph, Mathematiker u. Jurist

Lenin; eigentlich Wladimir Iljitsch Uljanow; 1870-1924;

    russ. Revolutionär u. Staatsmann

Leonardo da Vinci; 1452-1519;

    ital. Maler, Zeichner, Baumeister, Bildhauer,

    Dichter u. Naturforscher

Leroux, Pierre; 1797-1871; frz. Politiker

Lessing, Gotthold Ephraim; 1729-1781;

    dt. Dichter u. Philosoph der Aufklärung

Lévis, Gaston de; 1764-1830; frz. Aphoristiker

Lichtenberg, Georg Christoph; 1742-1799;

    dt. Physiker, Philosoph u. Aphoristiker

Lichtwer, Magnus Gottfried; 1719-1783; dt. Dichter

Ligne, Charles-Joseph Fürst von; 1735-1814;

    öster. Feldmarschall u. Diplomat

Liliencron, Detlev Freiherr von; 1844-1909;

    dt. Schriftsteller

Lincoln, Abraham; 1809-1865;

   am. Staatsmann, 16. Präsident der USA (1861-1865),
   ermordet

Locke, John; 1632-1704; engl. Philosoph

Logau, Friedrich Freiherr von; Pseudonym Salomon
von Golaw; 1604-1655; dt. Dichter des Barock

Longfellow, Henry Wadsworth; 1807-1882; am. Dichter

Lowell, James Russell; 1819-1891;

   am. Dichter u. Kritiker

Luxemburg, Rosa; 1870-1919; dt. KPD-Politikerin

Machiavelli, Niccolò; 1469-1527;

   ital. Politiker in Florenz, Geschichtsphilosoph u.
   Historiker

Macmillan, Harold; 1894-1986;

   engl. Politiker u. Verleger, 1957-1963 Premierminister

Maistre, Comte Joseph Marie de; 1753-1821;

   frz. Geschichtsphilosoph, Schriftsteller u. Staatsmann

Marcuse, Ludwig; 1894-1971;

   dt.-am. Literaturhistoriker u. Philosoph

Mark Twain; eigentlich Samuel Langhorne Clemens;

   1835-1910; am. Schriftsteller u. Humorist

Marx, Karl; 1818-1883;

   dt. Philosoph u. Nationalökonom

Masaryk, Thomas Garrique; 1850-1937;

   tschech. Philosoph u. Staatsmann

Maupassant, Guy de; 1850-1893; frz. Dichter

Mazzini, Guiseppe; 1805-1872;

   ital. Schriftsteller u. Freiheitskämpfer

Melville, Herman; 1819-1891; am. Dichter

Menander; 342-291 aD; griech. Komödien-Dichter

Michelangelo Buonarroti; 1475-1564;

   ital. Bildhauer, Maler, Baumeister, Dichter

Mill, John Stuart; 1806-1873;

   engl. Philosoph u. Nationalökonom

Milton, John; 1608-1674; engl. Dichter

Mirabeau, Honoré Gabriel de Riqueti, Graf von;
   1749-1791; frz. Politiker
Mitsch, Werner; 1936-; dt. Schriftsetzer u. Aphoristiker,
   Autor von Sprüchen
Molière; eigentlich Jean Baptiste Poquelin; 1622-1673;
   frz. Komödiendichter u. Schauspieler
Möller, Paul Martin; 1794-1838; dän. Schriftsteller
Mommsen, Theodor; 1817-1903; dt. Historiker
Montaigne, Michel de; 1533-1592;
   frz. Essayist, Schriftsteller u. Philosoph
Montesquieu; eigentlich Charles Baron de la Brède et de
   Montesquieu; 1689-1755; frz. Philosoph,
   Staatstheoretiker u. Schriftsteller
Moody, Dwight Lyman; 1837-1899; am. Prediger
Morgenstern, Christian; 1871-1914; dt. Dichter
Müller, Hermann; 1924-1995; dt. Soziologe u. Philosoph
Muthmann, Robert; 1922-; dt. Aphoristiker, Lyriker, Jurist

Nahr, Helmar; 1931-1990; dt. Mathematiker,
   Wirtschaftswissenschaftler u. Aphoristiker
Napoleon I.; 1769-1821; frz. Kaiser 1804-1815
Nepos, Cornelius; 100-25 aD; röm. Geschichtsschreiber
Nestroy, Johann Nepomuk; 1801-1862;
   öster. Dichter u. Schauspieler
Nietzsche, Friedrich; eigentlich Friedrich Wilhelm
   Nietzsche; 1844-1900; dt. Philosoph
Northcliff, Alfred; 1865-1922; engl. Zeitungsverleger
Novalis; eigentlich Friedrich Leopold Freiherr von
   Hardenberg; 1772-1801; dt. Dichter der Frühromantik

Parker, Theodore; 1810-1860; am. Theologe
Pascal, Blaise; 1623-1662;
   frz. Mathematiker, Philosoph, Schriftsteller
Péguy, Charles Pierre; Pseudonyme Delore, Baudouin;
   1873-1914; frz. Schriftsteller, Essayist, Dramatiker
Penn, William; 1644-1718;
   engl. Quäker, Begründer Pennsylvaniens

Pestalozzi, Johann Heinrich; 1746-1827;
    schweiz. Pädagoge
Petit-Senn, Jules; 1790-1870; frz. Schriftsteller
Petty, Sir William; 1623-1687; engl. Nationalökonom
Platen, August Graf von; 1796-1835; dt. Dichter
Platon; 427-347 aD; griech. Philosoph
Plutarch; 46-120; griech. Philosoph u. Historiker
Poe, Edgar Allan; 1809-1849; am. Dichter
Polybios; 202-120 aD; griech. Historiker
Proust, Marcel; 1871-1922; frz. Romancier u. Essayist

Raabe, Wilhelm; 1831-1910; dt. Dichter
Ranke, Leopold von; 1795-1886; dt. Historiker
Rathenau, Walther; 1867-1922;
    dt. Staatsmann, Industrieller (AEG), ermordet
Rée, Paul; 1849-1901; dt. Philosoph
Renard, Jules; 1864-1910;
    frz. Romanautor, Dramatiker, Essayist
Rivarol, Antoine de; 1753-1801;
    frz. Schriftsteller, Kritiker, Aphoristiker
Rogers, Lindsay; 1871-1912; am. Schriftsteller
Rosegger, Peter; 1843-1918; öster. Schriftsteller
Rousseau, Jean-Jacques; 1712-1778;
    frz. Schriftsteller u. Philosoph
Rückert, Friedrich; Pseudonym Freimund Raimar;
    1788-1866; dt. Dichter
Ruskin, John; 1819-1900;
    engl. Schriftsteller, Kunstkritiker, Wirtschaftswissen-
    schaftler, Soziologe

Sand, George; eigentlich Aurore Lucie Dupin, verh.
    Baronne de Dudevant; 1804-1876; frz. Schriftstellerin
Saphir, Moritz Gottlieb; 1795-1858; öster. Journalist,
    Feuilletonist, Satiriker, Literatur- u. Theaterkritiker
Scheel, Walter; 1919-;
    dt. FDP-Politiker, 1974-1979 Bundespräsident
Scherr, Johannes; 1817-1886;
    dt. Kulturhistoriker u. Politiker

Schiller, Friedrich von; 1759-1805;

    dt. Dichter der Klassik

Schlegel, August Wilhelm von; 1767-1845;

    dt. Dichter, Sprach- u. Literaturwissenschaftler

Schlegel, Friedrich von; 1772-1829;

    dt. Dichter u. Kritiker

Schleich, Carl Ludwig; 1859-1922;

    dt. Chirurg u. Schriftsteller

Schleiermacher, Friedrich Ernst Daniel; 1768-1834;

    dt. Philosoph u. ev. Theologe

Schmidt, Lothar; 1922-; dt. Jurist, Politologe, Aphoristiker;

    Herausgeber und Mitautor dieses Buches und der auf den

    Seiten 190-191 angegebenen Bücher

Scholl, Aurélien; 1833-1902; frz. Schriftsteller

Schopenhauer, Arthur; 1788-1860; dt. Philosoph

Schumann, Robert; 1810-1856; dt. Komponist

Schützbach, Rupert; 1933-;

    dt. Zöllner, Aphoristiker, Epigrammatiker

Schweitzer, Albert; 1875-1965;

    dt. ev. Theologe, Musiker, Arzt u. Philosoph,

    Friedensnobelpreis 1952

Seneca; eigentlich Lucius Annaes Seneca; 4-65 aD;

    röm. Philosoph u. Dichter, von Nero zum

    Selbstmord gezwungen

Seume, Johann Gottfried; 1763-1810;

    dt. Schriftsteller u. Dichter

Sévigné, Marie Rabutin-Chantal Marquise de; 1626-1696;

    frz. Literatin

Shakespeare, William; 1564-1616;

    engl. Dichter u. Dramatiker

Simmel, Georg; 1858-1918; dt. Philosoph u. Soziologe

Simmons, Charles; 1798-1856; am. Geistlicher

Smith, Adam; 1723-1790;

    schott. Nationalökonom u. Moralphilosoph,

    Begründer der klass. Nationalökonomie

Sokrates; 470-399 aD; griech. Philosoph

Sophokles; 495-406 aD; griech. Tragödiendichter

Spencer, Herbert; 1820-1903;
    engl. Philosoph u. Sozialwissenschaftler
Spinoza, Baruch Benedikt de; 1632-1677;
    holl. Philosoph
Spitteler, Carl von; Pseudonym Carl Felix Tandem;
    1845-1924; schweiz. Dichter
Stendhal; eigentlich Marie-Henri Beyle; 1783-1842;
    frz. Dichter
Stern, Daniel; eigentlich Marie de Flavigny Comtesse
    d'Agoult; 1805-1876; frz. Schriftstellerin
Stevenson, Robert Louis Balfour; 1850-1894;
    schott. Schriftsteller
Stoffel, Norbert; 1931-; dt. Unternehmer, Aphoristiker
Storm, Theodor; 1817-1888; dt. Schriftsteller
Strindberg, Johan August; 1849-1912; schwed. Dichter
Swedenborg, Emanuel von; eigentlich Swedberg;
    1688-1772; schwed. Theosoph u. Naturforscher
Swift, Jonathan; 1667-1745;
    ir. Schriftsteller der Aufklärung, Satiriker
Syrus, Publilius; um 50 aD; röm. Lustspieldichter

Talleyrand, Charles Maurice Duc de; 1754-1838;
    frz. Diplomat, Staatsmann u. Bischof
Taylor, Jeremy; 1613-1667; engl. Geistlicher
Terentius; eigentlich Publius Terentius Afer;
    190-159 aD; röm. Komödiendichter
Thackeray, William Makepeace; 1811-1863;
    engl. Karikaturist, Schriftsteller u. Dichter
Thales von Milet; 624-546; griech. Philosoph
Thomas von Aquin; 1225-1274;
    ital. Theologe, scholastischer Philosoph, kath. Heiliger
Tolstoi; eigentlich Leo Nikolajewitsch Graf Tolstoi;
    1828-1910; russ. Schriftsteller, Dichter
Tommaseo, Niccolò; 1802-1874; ital. Philologe
Toulet, Paul-Jean; 1867-1920;
    frz. Lyriker, Essayist, Romanautor
Treitschke, Heinrich von; 1834-1896; dt. Historiker

Uhlenbruck, Gerhard; 1929-;
   dt. Immunbiologe, Hochschullehrer u. Aphoristiker
Unger, Joseph; 1828-1913;
   öster. Rechtsgelehrter u. Politiker

Vauvenargues; eigentlich Luc de Clapiers, Marquis de
   Vauvenargues; 1715-1747; frz. Moralist, Philosoph,
   Dichter
Voltaire; eigentlich François-Marie Arouet; 1694-1778;
   frz. Philosoph der Aufklärung, Dichter

Wagner, Richard; 1813-1883; dt. Komponist u. Dichter
Walpole, Horace, Fourth Earl of Orford; 1717-1797;
   engl. Schriftsteller
Walters, Hellmut; 1930-1985;
   dt. Schriftsteller, Pädagoge, Aphoristiker
Weber, Karl Julius; 1767-1832;
   dt. Schriftsteller, Feuilletonist, Satiriker
Weber, Max; 1862-1920; dt. Soziologe
Wedekind, Frank; Pseudonym Hieronymus Jobs;
   1864-1918; dt. Dramatiker
Weizsäcker, Richard von; 1920-; dt. CDU-Politiker,
   Bundespräsident 1984-1995
Whichcote, Benjamin; 1609-1683;
   engl. Theologe, Pädagoge, Aphoristiker
Whipple, Edwin Percy; 1819-1886;
   engl. Kritiker, Essayist
Wichert, Ernst; 1831-1902;
   dt. Romanautor, Dramatiker
Wilde, Oscar; 1856-1900;
   engl.-ir. Schriftsteller u. Dramatiker
Wilson, Thomas Woodrow; 1856-1924;
   am. Staatsmann, 28. Präsident der USA (1913-1921),
   Reformer, Historiker

Young, Edward; 1683-1765; engl. Dichter u. Hofkaplan

LITERATURHINWEISE

PROFESSOR DR. LOTHAR SCHMIDT IST HERAUSGEBER UND MITAUTOR VON

Zitaten-Lexikon für Chefs und Führungskräfte
Königstein/Ts.: Königsteiner Wirtschaftsverlag
2. Auflage 1995, 3. überarbeitete Auflage 1996
392 Seiten, DM 49,80, ISBN 3-923281-59-5

Gewinn. Zitate & Aphorismen
Königstein/Ts.: Königsteiner Wirtschaftsverlag, 1992
80 Seiten, DM 15,80, ISBN 3-923281-42-0

Kommunikation. Zitate & Aphorismen
Königstein/Ts.: Königsteiner Wirtschaftsverlag, 1992
80 Seiten, 3. Auflage 1996, DM 15,80,
ISBN 3-923281-41-2

Innovation. Zitate & Aphorismen
Königstein/Ts.: Königsteiner Wirtschaftsverlag, 1992
80 Seiten, 2. Auflage 1995, DM 15,80
ISBN 3-923281-43-9

Ruhestand. Zitate & Aphorismen
Königstein/Ts.: Königsteiner Wirtschaftsverlag, 1992
80 Seiten, 3. Auflage 1996, DM 15,80
ISBN 3-923281-44-7

Geld. Zitate & Aphorismen
Königstein/Ts.: Königsteiner Wirtschaftsverlag, 1993
80 Seiten, DM 15,80, ISBN 3-923281-50-1

Zeit und Management. Zitate & Aphorismen
Königstein/Ts.: Königsteiner Wirtschaftsverlag, 1993
80 Seiten, 2. Auflage 1995, DM 15,80
ISBN 3-923281-51-X

Sekretärin. Zitate & Aphorismen

Königstein/Ts.: Königsteiner Wirtschaftsverlag, 1993

80 Seiten, DM 15,80, ISBN 3-923281-52-8

Das treffende Zitat zu Politik, Recht und Wirtschaft

5.000 geschliffene Aphorismen und Definitionen für Rede,
Diskussion, Referat und Gespräch.

Reinbeck bei Hamburg: Rowohlt Taschenbuchverlag

Band 6314, 3. Auflage 1993, 381 Seiten, DM 16,90

ISBN 3-499-16314-4

Geld. Aphorismen und Zitate aus drei Jahrtausenden

Mitherausgeber: Robert W. Kent, Harvard Business
School.

Königstein/Ts.: Königsteiner Wirtschaftsverlag

320 Seiten, 2. Auflage 1989, DM 49,80

ISBN 3-923281-24-2

Schlagfertige Definitionen.
Von Aberglauben bis Zynismus

Reinbeck bei Hamburg: Rowohlt Taschenbuch Verlag

Band 6186, 10. Auflage 1992, 319 Seiten, DM 12,90

ISBN 3-499-16186-9

Sieben Wörter sind genug.
Prägnante Zitate für Manager

Landsberg/Lech: Verlag Moderne Industrie, 1996

2. Auflage 1997, 258 Seiten, DM 58,—

ISBN 3-478-35460-9

Ein Band eigener Aphorismen erschien unter dem Titel:

Worte sind Waffen. Aphorismen zur Gegenwart

Frankfurt am Main: Frankfurter Allgemeine Zeitung

3. Auflage 1993, 96 Seiten, DM 28,00

ISBN 3-924875-97-9